La Revolución mexicana

Para Poli, mi querida hermana.
S. S.

Para mi amado Karim.
EM

La Revolución mexicana
Susana Sosenski

Primera edición: Producciones Sin Sentido Común, 2019
Primera reimpresión: Nostra Ediciones, 2010
Primera edición: Nostra Ediciones, 2009

D.R. © 2019, Producciones Sin Sentido Común, S.A. de C.V.
Pleamares 54, colonia Las Águilas,
01710, Álvaro Obregón,
Ciudad de México

Texto © Susana Luisa Sosenski Correa
Ilustraciones © Ericka Martínez López

ISBN: 978-607-8469-71-0

Impreso en México

La Revolución mexicana

Susana Sosenski

Ilustraciones de Ericka Martínez

NOS TRA EDICIONES

ÍNDICE

Introducción

En 1910 una revolución sacudió a México. Fue un proceso largo y complejo que marcó para siempre la vida nacional. Los más de 30 años previos de dictadura porfirista dejaron al país con graves problemas sociales y políticos que provocaron el estallido de una rebelión de enorme alcance: la Revolución mexicana.

El Porfiriato había favorecido a los grupos más poderosos del país: los empresarios, los hacendados, los dueños de fábricas y minas. En contraste, la mayor parte de la población permaneció en la miseria. Los campesinos fueron despojados de sus tierras y debían servir a un hacendado que les pagaba con vales; los obreros trabajaban jornadas de 16 horas y ganaban salarios raquíticos que no les eran suficientes para alimentar a sus hijos.

Las continuas reelecciones de Porfirio Díaz y sus funcionarios impidieron la participación política de quienes se oponían a la dictadura y estaban interesados en ocupar cargos en el gobierno. El descontento entre la población era grande, no sólo por las diferencias sociales, la miseria y la explotación sino también por la falta de libertad, ya que se prohibía la expresión de opiniones contrarias al régimen.

Aunque había muchos motivos de descontento, la Revolución mexicana inició básicamente por razones políticas. Cuando Díaz se reeligió por séptima vez, Francisco I. Madero, un hacendado de Coahuila, organizó una revuelta armada para derrocar al dictador, cambiar de Presidente y prohibir la reelección: así comenzó la primera etapa de la Revolución. Como Madero prometió revisar los problemas de la usurpación de tierras a los campesinos mexicanos, miles de ellos se unieron al maderismo para luchar por el reparto agrario.

Pero como las revoluciones nunca son obra sólo de unos cuantos héroes u hombres famosos, en la Revolución mexicana además de los campesinos, participaron diversos sectores de la población de manera directa o indirecta y con mayor o menor actividad: niños, mujeres, hombres, ancianos, hacendados, periodistas, artistas, intelectuales y obreros. Y, de entre ellos, dos grandes movimientos fueron fundamentales para el proceso revolucionario: el de Francisco Villa, en el norte del país, y el de Emiliano Zapata, en el sur.

Cuando se logró derrotar al dictador y Madero subió a la presidencia, en 1911, la dotación de tierras no llegó y los grupos campesinos se inconformaron y exigieron el cumplimiento inmediato de sus demandas agrarias. Zapata, entonces, redactó el Plan de Ayala y, como Madero no cumplía con sus antiguas promesas, los zapatistas continuaron la Revolución. Aun así, el Presidente siguió gobernando e intentó conciliar los intereses de obreros, empresarios, campesinos, hacendados, revolucionarios y porfiristas, pero fracasó. En 1913 una rebelión de generales porfiristas lo depuso, lo asesinó y apoyó a un nuevo dictador para que tomara el poder: Victoriano Huerta.

Huerta gobernó con violencia e impidió la libertad de expresión y las manifestaciones opositoras a su gobierno. Para reprimir a sus contrincantes, usó métodos como la desaparición y el asesinato de personas, además de enviar al ejército a combatir a los zapatistas.

La Revolución entró en una nueva etapa. Venustiano Carranza, un hacendado norteño, llamó a luchar contra Huerta y hacer cumplir la Constitución vigente, para lo cual formó un enorme ejército conocido como "constitucionalista". Villa y otros importantes generales de Sonora como Álvaro Obregón y Plutarco Elías Calles se sumaron al constitucionalismo de Carranza, mientras los zapatistas continuaron combatiendo en el sur del país. Aunque los distintos grupos revolucionarios tenían como objetivo común derribar a Huerta, sus ideas en cuanto al rumbo que debía tomar la Revolución eran muy diferentes. Esto provocó enormes desacuerdos y divisiones entre ellos, por lo que, en 1914, después de vencer al ejército federal huertista en Zacatecas, organizaron una convención para definir qué tipo de país construirían.

Cuando Carranza advirtió que las posturas zapatistas y villistas se habían unido y dominaban la convención, la abandonó y estableció su gobierno en Veracruz. Los villistas y zapatistas lo desconocieron y nombraron a otro Presidente: así inició la guerra entre estos grupos.

Finalmente, las fuerzas carrancistas triunfaron y Carranza llegó al poder. En 1916 convocó a un congreso para elaborar la nueva Constitución, que se promulgó en 1917. Para muchos este fue el fin de la Revolución. Aunque en la redacción de la Carta Magna participaron sólo los carrancistas, un grupo de ellos se radicalizó y retomó las ideas del reparto agrario planteadas por los zapatistas (Art. 127); también se legalizó la protección al trabajo (Art. 123) y se instituyó la separación entre el Estado y la Iglesia (Art. 130), así como la obligación estatal de impartir educación laica, gratuita y obligatoria (Art. 3).

La Revolución mexicana fue un proceso heterogéneo pues hubo muchas revoluciones dentro de la Revolución: la maderista, la zapatista, la villista, la carrancista. También tuvo particularidades en las diversas regiones del país: en algunos lugares la destrucción fue terrible, en otros el proceso revolucionario apenas se sintió; en ciertas zonas el pueblo participó con entusiasmo y en otras muy pocos se vieron afectados. En conclusión, fue un proceso que cambió la vida política, económica, social y cultural y, en definitiva, transformó el rumbo de México.

El ocaso del Porfiriato

Durante el Porfiriato México vivió una de las etapas más contradictorias de su historia. Porfirio Díaz gobernó el país durante más de treinta años, en los cuales favoreció a los más ricos, reprimió a sus opositores y mantuvo a la mayor parte de la población en la pobreza total, el analfabetismo, el desempleo y la explotación.

En este periodo muchos extranjeros llegaron a México para invertir en empresas y negocios, lo cual provocó que se desarrollaran las ciudades y surgieran grandes industrias; sin embargo, en éstas se abusaba del trabajo de los obreros mexicanos, quienes sufrían largas y extenuantes jornadas de trabajo y tenían salarios muy bajos.

También se construyeron miles de kilómetros de vías férreas, lo cual mejoró notablemente la vida comercial: gracias a los ferrocarriles los mercados se desarrollaron y vincularon entre sí, se transportaron mayores volúmenes de mercancías y los tiempos de recorrido de un lugar a otro disminuyeron, aunque las numerosas poblaciones alejadas de las vías del tren permanecieron aisladas y se estancaron.

El progreso económico tuvo también otros costos. Las tierras de los indígenas se vendieron y se convirtieron en latifundios y haciendas, que eran grandes extensiones de tierra propiedad de hombres muy ricos que lograron incrementar la producción de maíz, frijol, chile, café y chicle. Esto ocasionó que las comunidades campesinas de México se quedaran sin tierras para cultivar y debieran trabajar para los hacendados. Los capataces maltrataban a los trabajadores y los obligaban a realizar faenas de sol a sol: sus condiciones de vida eran de verdadera miseria.

TIENDAS DE RAYA

Las tiendas de raya estaban cerca de las haciendas, minas y fábricas, y eran propiedad de los patrones. Los trabajadores, obreros y peones recibían sus salarios en vales que sólo podían cambiar en esas tiendas, por lo que estaban obligados a comprar sus alimentos ahí. Como los precios eran caros y los salarios raquíticos, a los trabajadores no les alcanzaban los vales y tenían que pedir prestado a las tiendas. Así, se iban endeudando cada vez más, por meses, años o incluso por generaciones, pues los hijos heredaban las deudas de sus padres.

Se les llamaba tiendas "de raya" porque al recibir sus salarios, generalmente el día sábado, los campesinos debían firmar de recibido en la raya del cuaderno del patrón. Cuando cobraban decían que "ya habían rayado". La expresión "estoy rayado" se usa en la actualidad y se refiere al acto en el que se obtiene beneficio de algo.

Si bien durante el Porfiriato muchas ciudades florecieron (pues en ellas se establecieron por primera vez cines, trenes, tranvías y comercios, y se iniciaron obras de pavimentación, drenaje y luz eléctrica), la mayor parte del país era rural. La modernización y sus logros llegaron a muy pocos sectores de la población.

En aquella época también aumentó la producción en las minas, lo cual provocó que la economía y, por lo tanto, las poblaciones alrededor de los centros mineros crecieran. Sin embargo, en estos lugares de trabajo constantemente se discriminaba a los mexicanos y se prefería a los trabajadores extranjeros. Además, las condiciones en las que debían trabajar los mineros eran lamentables, pues la mayor parte de las veces no contaban ni con las mínimas garantías de seguridad.

Por otra parte, dadas las buenas relaciones que Díaz tenía con Estados Unidos, México aumentó sus exportaciones hacia aquel país y las inversiones extranjeras también se incrementaron; esto generó mejores ingresos económicos, pero provocó que México se hiciera excesivamente dependiente de la política y la economía estadounidenses.

Durante el Porfiriato la mayor parte de los niños del país no podía asistir a las escuelas; éstas se encontraban en las ciudades y la enseñanza prácticamente se limitaba a los hijos de profesionistas, funcionarios o comerciantes. Los hijos de los obreros o artesanos rara vez asistían a clases, y más bien trabajaban en talleres artesanales aprendiendo algún oficio. En las zonas rurales había muy pocas escuelas para los niños campesinos. En la etapa revolucionaria se crearon escuelas para niños pobres en donde se enseñaba matemáticas, español y diversos oficios: carpintería, impresión, herrería o agricultura; así, en caso de necesidad económica, los niños podrían ayudar a sus padres con su trabajo en algún taller.

Los porfiristas se vanagloriaban de que el gobierno lograba mantener la paz y el orden en el país, pero esto se debía a mecanismos que tenían más de dictadura que de democracia. Es decir, todas las manifestaciones contra el régimen, ya fueran proclamas en actos públicos, huelgas o rebeliones, e incluso caricaturas o artículos en los periódicos, eran silenciadas y reprimidas de inmediato. En México no había libertad de expresión.

Alrededor del año 1900, el régimen de Díaz comenzó a resquebrajarse. Muchos sabían que algo no andaba del todo bien. Las elecciones fraudulentas, el descontento de obreros y campesinos, y la vejez de los funcionarios de gobierno eran temas comunes en las conversaciones cotidianas. Algunos terratenientes, intelectuales, políticos y empresarios comenzaron a denunciar la falta de democracia, de libertad de expresión, la pobreza, las fallas en la administración de la justicia, las elecciones simuladas y que el Presidente tomara decisiones en los estados restándole poder a los gobernadores.

En 1901, un estudiante y periodista oaxaqueño llamado Ricardo Flores Magón publicó un periódico, *Regeneración*, en el que criticaba al gobierno de Díaz, la situación en que vivían los obreros y los campesinos, la corrupción de los funcionarios del gobierno y la ilegitimidad de las elecciones presidenciales. Junto con otros intelectuales y políticos, Ricardo y sus hermanos, Jesús y Enrique, crearon clubes donde se discutía la situación del país y se pensaba en alternativas para cambiarlo.

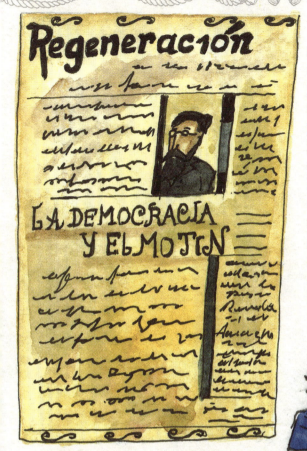

Regeneración

LA DEMOCRACIA Y EL MOTÍN

Cuando Díaz se enteró de estas reuniones, mandó a la policía a cerrar los clubes, multar, arrestar y encarcelar a sus integrantes, además de clausurar sus periódicos y publicaciones. Los hermanos Flores Magón tuvieron que escapar a Estados Unidos y ahí crearon el Partido Liberal Mexicano (PLM), en cuyo programa demandaron entre otras cosas, libertad de expresión, el fin de la reelección de Díaz, mejoras en la educación, reparto de tierras, derechos laborales y la prohibición del trabajo infantil.

La protesta social aumentaba cada vez más y, aunque Díaz impedía las organizaciones de trabajadores, dos huelgas muy importantes hicieron que los obreros se dieran cuenta que a través de la unión podían provocar cambios en el país. En 1906, en Cananea, Sonora, los mineros exigieron mejoras en sus condiciones de trabajo. Un año después sucedió lo mismo en varias fábricas textiles del valle de México, Orizaba, Puebla y Tlaxcala. En Río Blanco, Veracruz, los obreros también defendieron su derecho a un modo de trabajo digno. Díaz reprimió duramente todas estas huelgas, lo que dejó como saldo un gran número de trabajadores heridos y muertos y una gran inconformidad social.

Antes de que llegara el año de 1910, en el que se celebrarían nuevas elecciones presidenciales, el tema de la reelección de Díaz se discutía en los cafés, en las comidas familiares y hasta en la fila de entrada de los teatros. Cuando en 1908 Díaz declaró, en una entrevista concedida al periodista norteamericano James Creelman, que estaba de acuerdo que en México hubiera un cambio y que aceptaría retirarse de la presidencia en 1910, más de uno pensó en el fin del Porfiriato y en la posibilidad de derrotar a Díaz democráticamente.

En mayo de 1910 todos comentaban que el cometa Halley haría su puntual aparición. Los periódicos publicaron noticias calamitosas como que el cometa era de mal agüero y que podría traer síntomas nocivos a la salud, que el ganado y la gente morirían envenenados, que se acabarían las lluvias o que la cola del cometa chocaría contra el país y lo incendiaría por completo. Los vendedores de diarios gritaban repetidamente: "¡se acerca el cometa Halley!" Todos esperaban un desenlace fatal. Algunas viejitas se sentaron en sus sillones a tejer y no durmieron en toda la noche porque decían que a la muerte se la debía esperar en calma. Otros se angustiaban mientras miraban nerviosos sus relojes. Muchos padres despertaron a sus hijos para que miraran al astro, otros le escribieron poemas. Una vez que el cometa pasó nada de lo esperado ocurrió. Los periódicos escribieron: "este cometa Halley parece ser el más travieso de toda la familia, pues unos cuantos días le han bastado para burlarse muy bonitamente de todo el mundo".

El Abogado cristiano ilustrado,
26 de mayo de 1910.

Uno de los más entusiasmados por la declaración de Díaz fue el secretario de guerra, el general tapatío Bernardo Reyes, quien creyó que podría ser vicepresidente. Sin embargo, pronto se demostró que a las palabras de Díaz se las llevaría el viento y a Reyes un barco, pues, para impedir su camino hacia la presidencia, fue enviado a Europa en una misión especial.

21

Pero Reyes no fue el único que vislumbró el fin de Díaz en el poder: sus declaraciones también fueron tomadas muy en cuenta por Francisco I. Madero, un terrateniente coahuilense de ideas democráticas. Madero escribió el libro *La sucesión presidencial en 1910*, en el cual proclamaba entre otras cosas que el Presidente debía ser elegido democráticamente, en elecciones libres y limpias. Convencido de la lucha contra la reelección, fundó el Partido Antireeleccionista, para contender en las elecciones que se llevarían a cabo en 1910.

Madero recorrió el país como candidato presidencial, fundando clubes antireeleccionistas que tenían como lema: "sufragio efectivo, no reelección". Lugar a donde iba Madero, lugar a donde era seguido por la policía de Díaz, quien no tardó mucho en aprehenderlo, acusarlo de incitar a la rebelión, y encarcelarlo en una prisión de San Luis Potosí. Madero, sin embargo, logró escapar y huir a San Antonio, Texas, en Estados Unidos.

Francisco I. Madero nació en 1873, en una de las familias más acaudaladas de terratenientes del norte de México, que bajo el gobierno de Porfirio Díaz había visto prosperar sus negocios en la agricultura y la ganadería. Cuando era niño, Madero tuvo maestros particulares y fue a algunos colegios católicos. A la edad de 14 años, junto con su hermano, viajó a Francia para tomar cursos de economía y comercio; ahí estuvo cinco años y conoció las ideas sobre la democracia y una sociedad más equitativa. De regreso en México, en el verano de 1893, quedó a cargo de las haciendas de su padre y en ellas fundó escuelas y dio albergue a algunos trabajadores.

Sin opositores a la vista, en 1910 se llevaron a cabo las nuevas elecciones. Porfirio Díaz, que acababa de cumplir 80 años de edad, se adjudicó la presidencia de manera fraudulenta por séptima vez.

CENTENARIO DE LA INDEPENDENCIA

El 15 de septiembre de 1910, las principales ciudades del país se vistieron de gala para festejar los cien años de la Independencia de México: hubo desfiles y bandas de música. Porfirio Díaz aprovechó la ocasión para festejar sus 80 años de vida, pues su cumpleaños coincidía con la fecha de la Independencia.

Madero era vegetariano, sabía de homeopatía y fue un apasionado del espiritismo, doctrina que sostenía que los vivos podían comunicarse con los muertos a través de un médium. Los espiritistas se encerraban en un cuarto iluminado con velas, se sentaban alrededor de una mesa tomados de las manos y hacían preguntas a los espíritus, quienes, si estaban de humor, contestaban con golpes en la mesa. Uno de los rumores de la época fue que Madero consultaba la tabla guija antes de tomar decisiones políticas.

23

La Revolución maderista

EN SAN ANTONIO, TEXAS, MADERO LLEGÓ A LA CONCLUSIÓN
DE QUE SÓLO CON UNA REVOLUCIÓN SE PODRÍA SACAR A PORFIRIO DÍAZ DEL PODER
Y REDACTÓ EL PLAN DE SAN LUIS POTOSÍ (EN RECUERDO DEL LUGAR EN EL QUE
HABÍA ESTADO PRISIONERO). EN ÉSTE, DECLARÓ NULAS LAS ÚLTIMAS ELECCIONES
E ILEGÍTIMA LA PRESIDENCIA DE DÍAZ; ADEMÁS CONVOCÓ A QUE
EL 20 DE NOVIEMBRE DE 1910 A LAS SEIS DE LA TARDE EL PUEBLO MEXICANO
TOMARA LAS ARMAS Y COMENZARA UNA REVOLUCIÓN CONTRA EL GOBIERNO. POR
ÚLTIMO, MADERO PROMETIÓ REVISAR LA SITUACIÓN DE LA PROPIEDAD
DE LA TIERRA Y SE DECLARÓ PRESIDENTE PROVISIONAL MIENTRAS
SE ORGANIZABAN ELECCIONES DEMOCRÁTICAS EN EL PAÍS.

Madero mandó imprimir miles de folletos del Plan de San Luis para que se repartieran por todo México, pero éstos no llegaron a la mayor parte de los mexicanos porque las comunicaciones eran muy lentas, así que muchos ni se enteraron que el 20 de noviembre por la tarde debían tomar las armas para iniciar una revolución. Como era domingo, muchas familias aprovecharon para salir a dar un paseo, ir a una pelea de gallos, jugar naipes o reunirse para tomar una taza de chocolate. Los obreros fueron a trabajar a las fábricas y los peones a las haciendas, pues para ellos no existían días de descanso.

Pero Madero sí comenzó la Revolución el día acordado y, junto a sus seguidores, avanzó sobre el norte de México. Poco a poco fue ocupando diversas poblaciones. La primera de ellas fue la Ciudad Porfirio Díaz, ahora llamada Piedras Negras, en Coahuila. Ahí formó su gobierno provisional y envió combatientes a otras ciudades para que organizaran revueltas. En el norte del país, donde ya se conocía el Plan de San Luis a través de la lectura de los folletos y de las noticias traídas por viajeros o comerciantes, muchos se sumaron a la causa maderista; no sólo los hacendados y empresarios, sino también los campesinos que tenían dificultades económicas y estaban cansados de que el gobierno de Díaz sólo beneficiara a sus amigos.

Para principios de 1911 ya había miles de guerrilleros maderistas en las zonas montañosas de Chihuahua, donde Madero conoció a Pascual Orozco y a Francisco Villa, dos populares líderes que se sumaron a su movimiento. Paulatinamente, los combates en el norte de México contra el ejército porfirista aumentaron y la Revolución maderista se extendió por las zonas mineras y ganaderas.

Al enterarse de que uno de los puntos del plan de Madero contemplaba investigar el despojo de tierras y devolvérselas a sus dueños originales, es decir a los indígenas, las comunidades campesinas del sur de México se entusiasmaron. En poco tiempo, la Revolución se extendió por el sur del país. Los campesinos de los estados de Morelos y de Guerrero comenzaron la insurrección buscando recuperar las tierras de sus antepasados, que ahora estaban en manos de los hacendados.

Durante la Revolución abundaron los raptos de jovencitas. Sin embargo, no sólo los hombres raptaban a las muchachas: el 19 de agosto de 1911, el periódico *La Actualidad* publicó la noticia de una señora que se fue a quejar a la comisaría porque varias soldaderas que acompañaban a las tropas federales raptaron a su hijo de 14 años y se lo llevaron.

El movimiento, que había comenzado como una chispa, se extendió cual incendio y era difícil que alguien pudiera apagarlo. Por todos lados se escuchaba hablar de gente que se había ido a "la bola", como entonces le decían a la Revolución.

Las tropas federales, es decir, el ejército porfirista, estaban desesperadas, pues no tenían la capacidad de combatir en tantos puntos del país al mismo tiempo; había casi 25 000 revolucionarios en todo México ocupando poblaciones, tomando haciendas y luchando por la restitución de tierras.

Cuando Pascual Orozco y Francisco Villa, con decenas de hombres a caballo, lograron tomar, en mayo de 1911, Ciudad Juárez (una de las poblaciones fronterizas más importantes), el gobierno de Díaz se dio cuenta que era imposible detener el avance de los revolucionarios y, en esa ciudad, firmó un pacto con Madero. Terminaban las hostilidades a cambio de la renuncia de Díaz.

La toma de Ciudad Juárez significó el derrumbe de la dictadura porfirista y el triunfo de la Revolución maderista. Era tanto el enojo de la gente contra el dictador que, cuando se enteraron de su renuncia, corrieron hacia su casa ubicada en la Calle de la Cadena —hoy llamada Venustiano Carranza— en el centro de la ciudad de México, para lanzarle basura y gritarle groserías. Poco después Díaz huyó a Francia y algunos escucharon que cuando se despedía dijo: "Madero ha soltado un tigre; veamos si lo puede controlar", refiriéndose a que un pueblo levantado en armas era tan peligroso como un tigre suelto.

Como México no podía quedarse sin Presidente, un antiguo ministro de Díaz, Francisco León de la Barra, asumió, desde mayo hasta noviembre de 1911, temporalmente el poder mientras se organizaban nuevas elecciones. Aunque los gobernadores de los estados renunciaron, muchos funcionarios del Porfiriato permanecieron en sus puestos. Esto hizo que los campesinos se preguntaran para qué se había hecho una Revolución si el ejército, los jueces, los burócratas y hasta el Presidente seguían siendo porfiristas.

Los campesinos del estado de Morelos, dirigidos por Emiliano Zapata, al ver que al nuevo gobierno no le interesaba iniciar el reparto agrario, continuaron su lucha. León de la Barra intentó evitar que la Revolución continuara y ordenó al general Victoriano Huerta, un antiguo funcionario porfirista, que ocupara la región de Morelos y reprimiera a los campesinos. A Zapata lo acusaron de bandolero, rebelde y ladrón, y a sus seguidores les exigieron la rendición incondicional; ellos contestaron que entregarían las armas cuando el gobierno entregara las tierras.

Mientras tanto, en la
ciudad de México se vivían
otros acontecimientos. La
llegada de Madero a la capital,
en junio de 1911, coincidió
con un tremendo terremoto
que cobró varias víctimas y
ocasionó derrumbes de casas
y resquebrajaduras en edificios;
años después los capitalinos
recordarían este sismo como
"el temblor de Madero".

Cuando Madero entró en
la ciudad, niños, mujeres, obreros,
estudiantes y artesanos salieron
a darle la bienvenida y, mientras él
recorría las calles montado en su caballo, le gritaban:
"¡ídolo!", "¡apóstol de la democracia!"; tocaban música,
echaban cohetes, porras y flores, ondeaban banderas de
México y estandartes con su foto. Todos hablaban del
hombre que había logrado derrocar a Porfirio Díaz. Fue
tanto el apoyo que tuvo Madero que, cuando se organizaron
las nuevas elecciones, él y José María Pino Suárez, el
candidato a la vicepresidencia, arrasaron.

Así, un año después de que había comenzado la Revolución, Madero se convirtió en el Presidente de México y con él renació una vida política que había estado reprimida por el gobierno de Díaz: se organizaron partidos políticos, hubo elecciones libres y se respetó la libertad de expresión. El Presidente dejó que los diputados y senadores, así como los jueces, fueran independientes, y también permitió que los obreros se organizaran en sindicatos.

Sin embargo, con la libertad también llegaron más manifestaciones, huelgas, paros laborales, conflictos y competencia política; además, Madero seguía sin resolver el problema de la tierra y tampoco solucionó las malas condiciones de los trabajadores en las fábricas. Empresarios, campesinos y obreros empezaron a mostrarse instatisfechos con su gobierno, y organizaron rebeliones y movimientos en su contra.

Como se vivieron momentos en donde todos tenían libertad para expresarse, algunas mujeres le declararon la huelga a sus maridos. Una muchacha, a quién le habían reducido el gasto, exigió a su esposo más dinero para comprarse cosméticos; cuando el marido se negó, ella abandonó la casa y le dijo que sólo regresaría cuando se cumplieran las condiciones y peticiones que había dejado dentro de un sobre arriba de la mesa del comedor.

Aurelio de los Reyes, *Cine y sociedad en México, 1896-1930. Vivir de sueños.*

Madero consideraba que la tierra debía ser propiedad privada, es decir, que si los campesinos querían tierras, debían comprarlas. Los campesinos, en cambio, tenían una idea muy distinta; de acuerdo a sus tradiciones, la tierra era una propiedad comunal que todos cultivaban para el bien común.

A fines de noviembre de 1911, los zapatistas morelenses, cansados de esperar la restitución de tierras, escribieron el Plan de Ayala, en el cual llamaron a la población a unirse a su lucha por el reparto agrario y en contra del régimen de Madero. Los guerilleros zapatistas comenzaron a ocupar haciendas y decidieron que no dejarían las armas hasta que no se les devolvieran sus tierras; en consecuencia, Madero mandó a las tropas federales para combatirlos.

La Revolución cambiaba: si en un
inicio había comenzado como una lucha
de los hacendados y las elites norteñas para
lograr la democracia, se fue transformando
en una lucha de los grupos campesinos
y populares que exigían verdaderas
transformaciones sociales.

Madero tuvo que enfrentar varias sublevaciones en su contra.
Bernardo Reyes, quien había regresado a México, intentó, por ejemplo,
organizar una rebelión en 1911, pero el ejército logró capturarlo y
encarcelarlo en la capital. Por su parte, Pascual Orozco se sublevó en
el Norte, pues consideraba que las reformas sociales se aplicaban muy
lentamente. Para combatir a los orozquistas, Madero llamó al ambicioso
y cruel general Victoriano Huerta. Como éste logró derrotarlos, se
convirtió en un líder para el ejército federal —conformado por muchos
porfiristas—, el cual comenzó a admirar su astucia y sus destrezas
militares; esto sería, en el futuro, literalmente mortal para Madero.

ESPECTÁCULOS PÚBLICOS

El historiador Aurelio de los Reyes cuenta que en los teatros, "los actores entablaban diálogo con el público, que respondía a gritos, silbaba, aventaba sombreros y otros objetos al escenario. [...] En algunos salones de cine, ocasionales pistas de baile, ocurrían cosas similares: en el Bucareli, hacia las diez de la noche había riñas y el vecindario escuchaba los insultos que proferían los rijosos. Hombres y mujeres orinaban en las calles y las familias se quejaban de que no se atrevían a 'salir de sus balcones por temor de encontrarse con un espectáculo indecente'".

Aurelio de los Reyes,
op. cit.

Otra sublevación fue la del sobrino de Porfirio Díaz, Félix, quien tomó el puerto de Veracruz en octubre de 1912; pero fue derrotado y encerrado, primero en la prisión del puerto y luego en la cárcel de la ciudad de México.

Pero la sublevación más importante sucedió en la capital del país entre el 9 y el 19 de febrero de 1913. A esos diez días se les conoce como la Decena Trágica. Félix Díaz y Bernardo Reyes, quienes habían logrado salir de prisión, comenzaron a combatir contra Madero y lograron tomar la Ciudadela, un arsenal del sur de la capital. Madero nuevamente confió en Huerta para acabar con la rebelión. Siguieron días muy sangrientos: el ejército mataba por igual a civiles y a rebeldes, destruyendo todo lo que encontraba a su paso; nadie salía a la calle y los que lo hacían, tenían que ondear una bandera blanca para no ser atacados.

Los rebeldes porfiristas convencieron al ambicioso Huerta, que siempre había soñado con el poder, para que traicionara a Madero y lo desconociera como Presidente. Así, Huerta, ansioso por tener ese cargo, encerró a Madero y a Pino Suárez, y declaró que ahora era él quien mandaba.

Huerta contó con el apoyo del gobierno norteamericano —que se había distanciado de Madero dado que éste no benefició los intereses de sus compañías petroleras ni acabó con las revueltas en México—, y por ello firmó un pacto en su embajada, en el que se declaró como Presidente interino a partir del día 19. Aunque Huerta había anunciado que permitiría la salida de Madero y Pino Suárez del país, tres días después estos dos políticos fueron asesinados. La Revolución maderista había fracasado.

La vida cotidiana de los niños en la Revolución

"Uno de los tiroteos me cogió en el playón, mientras elevaba yo una 'paloma', cometa maravillosa que construyen con cañas y papel de china los niños tabasqueños. [...] Cuando sonaron los primeros tiros, varios niños corrieron, olvidándose de sus 'palomas', que fueron a caer quién sabe dónde; o dejando amarrado el bramante a una mata o una piedra, con la infantil esperanza de seguir un día el hilo y recuperarlas. Yo no podía abandonar mi juguete glorioso. Lo bajé con toda la rapidez que pude, enrollando el hilo, sin gracia ni orden, en el carrete. Cuando terminé estaba solo. Así entré a la ciudad [...] y me topé con un grupo de hombres, pistola en mano. [...] Me llevaron a la casa de mi tía. [...] Esperamos a que abrieran, largo rato, pegados a la pared. Se tardaron, porque detrás de la puerta habían colocado el piano y varios muebles, a modo de barricada. En eso oí silbar, por primera vez, las balas."

Andrés Iduarte,
Un niño en la Revolución Mexicana.

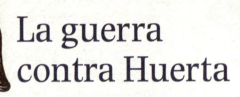

La guerra contra Huerta

1913 1914

LA NOTICIA DEL ASESINATO DE MADERO RECORRIÓ EL PAÍS
Y PROVOCÓ TEMORES SOBRE EL GRAVE FUTURO QUE LE ESPERABA A MÉXICO
BAJO LA DICTADURA DE VICTORIANO HUERTA. LOS TEMORES PRONTO SE HICIERON
REALIDAD, PUES UNA VEZ EN EL PODER, HUERTA GOBERNÓ UTILIZANDO
LA FUERZA Y LA REPRESIÓN.

Los que manifestaban una opinión contraria al gobierno huertista
corrían el riesgo de ser asesinados, encarcelados o exiliados: el mínimo
descuido podía costar muy caro. Huerta gobernó con mano dura;
pospuso las elecciones, rompió los pactos que había firmado, acabó
con la libertad de prensa, quebrantó la economía del país al no
promover las industrias nacionales ni fomentar la inversión extranjera
y, lo peor de todo, hizo que la población viviera con miedo.

Huerta manejaba un doble discurso: decía una cosa pero hacía otra; por un lado, permitió algunas huelgas, estableció el domingo como día de descanso para los trabajadores y dejó que estos se organizaran, y por otro, consintió que hubiera manifestaciones pero luego encarcelaba a sus líderes. La gente desconfiaba de él y no lo quería: lo consideraba un usurpador y un traidor.

Su historial no era mejor. Se sabía que, a pesar de ser hijo de una mujer huichol, había reprimido sangrientamente a los indígenas yaquis y mayas durante el Porfiriato. Además, tenía fama de borracho; se contaba que solía atender los asuntos de gobierno en las cantinas y burdeles, y que si alguien necesitaba encontrarlo, tenía que ir a buscarlo a esos lugares. Era evidente que si la Revolución mexicana había surgido con el objetivo de derrocar a una dictadura, nadie quería otra más. Todos los revolucionarios se unieron en contra del enemigo común: Huerta.

Venustiano Carranza, un poderoso hacendado de Coahuila, había sido presidente municipal y senador bajo el gobierno de Díaz. Cuando éste apoyó a otro candidato para ser gobernador del estado, Carranza se unió al maderismo; se volvió antiporfirista y antirreeleccionista. Llegó a ser gobernador de Coahuila durante la presidencia de Madero, pero cuando a éste lo asesinaron, Carranza, a sus 53 años, se alzó en armas contra Huerta.

En Coahuila, Venustiano Carranza, un hombre de largas barbas, estaba bastante molesto porque Huerta, al deponer a Madero y asumir ilegítimamente la presidencia, había violado las disposiciones de la Constitución Política de 1857. Por ello convocó a la población a defender el cumplimiento de la Constitución, así como a desconocer y derrocar a Huerta.

Carranza agrupó a algunos combatientes y redactó el Plan de Guadalupe en marzo de 1913. En él convocó a la creación de un ejército que desconociera al presidente Huerta y a todos aquellos que lo apoyaran; se autodenominó "primer jefe del ejército constitucionalista" y señaló que al llegar a la ciudad de México ocuparía interinamente la presidencia del país y convocaría a elecciones.

BAILES PÚBLICOS EN LAS CIUDADES

Los sábados y domingos los salones de baile se llenaban. Sólo los hombres debían pagar entrada; por cincuenta centavos obtenían un boleto que les daba derecho a entrar con todas las compañeras de baile que quisieran. Así, se veía a muchachos que iban acompañados de dos y hasta tres señoras, ellas muy arregladas y perfumadas con pachulí.

El Combate, 15 de junio de 1915.

Lo curioso fue que en los planes de Carranza no se mencionaba ninguna reforma social; sólo se exigía que el cambio de Presidente se llevara a cabo legalmente: no se habló de que México debía ser un país más justo ni tampoco se hizo referencia al reparto de tierras o a la mejora de las condiciones laborales para los obreros.

Muchos se asombraron al enterarse que Carranza no planteaba nada sobre los latifundios. Tampoco entendían que no hubiera propuesto soluciones para problemas como las tiendas de raya o la situación de los obreros y los campesinos; en otras palabras, Carranza poco decía sobre las principales demandas sociales.

Como primer jefe, Carranza organizó un ejército, el "constitucionalista" (por su defensa de la Constitución vigente de 1857) y extendió su lucha contra Huerta. A su movimiento se unieron políticos y burócratas, antiporfiristas, rancheros, mineros y empleados de los estados de Coahuila y Chihuahua. También en Sonora hubo varios levantamientos que se sumaron a ellos, comandados por Álvaro Obregón, un agricultor y mecánico de la zona, y Plutarco Elías Calles, un maestro y político local. Estos sonorenses creían, a diferencia de Carranza (aunque lucharon a su lado), que no sólo debía cambiar la forma de gobierno y de participación política, sino que también era necesario hacer algunas reformas sociales. 🌾

El País

Enero 2, 1914.

AVISOS DE OCASIÓN

Sección Medicinales

EN 8 DÍAS se cura el vicio de la embriaguez, sin que lo sepa el borracho, $5.00. Droguería Johannsen Félix y Cía.

LA SOLITARIA se arroja con seguridad y sin molestia con la jalea J. M. de la Garza, $2.00. Dep. Johannsen Félix y Cía.

Sección Pérdidas

GRATIFICARÉ a quien entregue abrigo olvidado en coche sitio entre Teatro Principal y Buena Vista.

ESPLÉNDIDA gratificación a quien entregue en la 2ª Rinconada de San Diego 17, una medalla de Nuestra Señora de Guadalupe, rodeada de brillantes, esmeraldas y zafiros, que se extravió la tarde del domingo.

Sección Ventas

FONÓGRAFO "Víctor" nuevo, casi lo regalo. Nuevo Méjico 31 int. 29.

PIANOLA, magnífico estado, 2ª de Valladolid 29.

HAGA UD. chicle. Deja mucho dinero, le diremos cómo. Dirigirse a la Cía. V. W. PA, Ap. 2509.

SR. FLORENCIO AVELLANEDA, favor de recoger una carta en la Lista de Correos, urge.

Pancho Villa también se unió al ejército constitucionalista y luego organizó un ejército enorme, conocido como la División del Norte, que contó con artillería, trenes, un fabuloso equipo de espías y hasta servicios de enfermería. Villa tomó la decisión de confiscar las enormes haciendas que existían en Chihuahua para obtener ingresos y así mantener a sus tropas. Los hacendados temblaban al enterarse de que los villistas se acercaban a las poblaciones, pues se robaban a las muchachas, las pertenencias, los caballos, el ganado, la ropa y el dinero.

Aunque los villistas se sumaron al ejército de Carranza, el carácter de Villa pronto comenzó a chocar con el del primer jefe. Ambos querían que Huerta dejara la presidencia, pero sus ideas sobre cómo organizar al país y su forma de manejarse en el conflicto revolucionario eran muy diferentes. Villa era un excelente militar y Carranza (quien sentía cierta envidia de su éxito en las batallas y del cariño que suscitaba entre la gente) tenía, en cambio, una personalidad más sobria; era un hombre serio, muy cívico y legalista, rasgos que contrastaban con la actitud revoltosa, dicharachera y subversiva de Villa. Otra gran diferencia entre ellos radicaba en sus ideas: Villa quería repartir las tierras entre los campesinos y Carranza no.

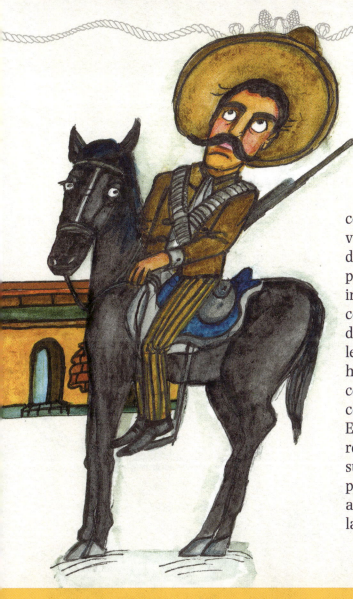

Mientras el ejército constitucionalista obtenía victorias sobre el ejército de Huerta en el norte del país, en el sur los zapatistas incrementaban sus combates para defenderse de los "federales", como le decían al ejército huertista. El objetivo central de los zapatistas, comandados por el general Emiliano Zapata, era recuperar las tierras de sus comunidades lo antes posible; para ello, poco a poco avanzaron hacia la ciudad de México.

El ejército de Huerta llegó a tener 250 000 soldados, que se incorporaron en los estados del centro del país a través de la leva, es decir, del reclutamiento forzoso. La leva era temida por la población porque al llevarse a los hombres, las familias se quedaban sin padres, sin hermanos, sin tíos o sin hijos. Esto provocaba su empobrecimiento y obligaba a que muchos niños y mujeres tuvieran que buscar trabajo en los talleres artesanales, en las minas, en las fábricas o incluso en la calle.

Los hombres, al irse, dejaban de trabajar los campos, las minas y las fábricas. Esto hizo que hubiera mucha escasez de alimentos y de productos básicos, y que los precios, el bandidaje y el contrabando aumentaran. La guerra revolucionaria afectó a las familias, al comercio, al transporte y muchos más ámbitos. En los enfrentamientos se destruían transportes y vías de comunicación, provocando que muchas zonas del país quedaran aisladas.

Las tropas de Carranza, Villa y Obregón iniciaron asimismo su avance hacia el centro del país. Cada vez eran más fuertes y ganaban más terreno. Por otro lado, los norteamericanos, que en un principio habían apoyado a Huerta, cambiaron de opinión cuando su nuevo presidente, Thomas Woodrow Wilson (quien prefería tener como vecino a un país pacífico y democrático), decidió desconocer a Huerta como Presidente legítimo, pues consideraba que tenía un pésimo manejo de la economía, pedía préstamos que nunca pagaba y su postura era antiestadounidense.

Al principio Wilson trató de convencer a Huerta para que renunciara, diciéndole que sus formas no eran las mejores para hacer de México un país pacífico; luego bloqueó económicamente a México y canceló la venta de armas al gobierno. Cuando el gobierno estadounidense advirtió que ninguna de estas estrategias daba resultados, decidió aplicar la ley del más fuerte e invadió México.

Además, el gobierno de los Estados Unidos de América se enteró que Huerta recibiría un cargamento de armas proveniente de Alemania, por lo que envió una declaratoria de guerra con barcos cargados de marinos hacia el puerto de Veracruz. Éstos desembarcaron en las costas mexicanas el 21 de abril de 1914 y atacaron la ciudad. Cadetes del ejército mexicano y pobladores veracruzanos repelieron a los norteamericanos, lo cual no impidió que hubiera muchas víctimas, muertos y heridos.

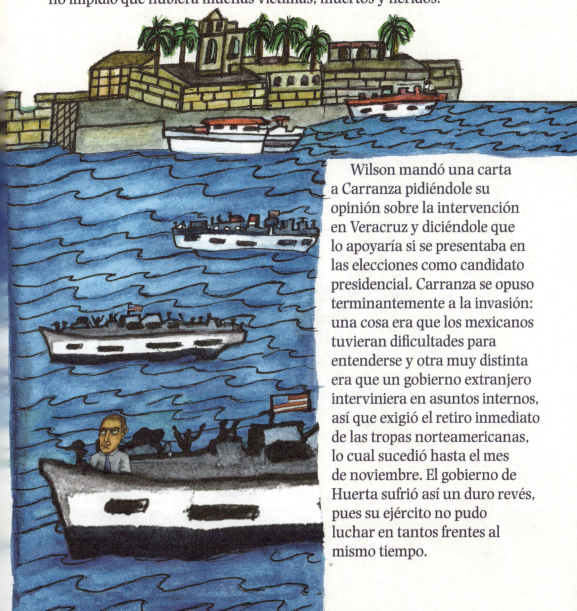

Wilson mandó una carta a Carranza pidiéndole su opinión sobre la intervención en Veracruz y diciéndole que lo apoyaría si se presentaba en las elecciones como candidato presidencial. Carranza se opuso terminantemente a la invasión: una cosa era que los mexicanos tuvieran dificultades para entenderse y otra muy distinta era que un gobierno extranjero interviniera en asuntos internos, así que exigió el retiro inmediato de las tropas norteamericanas, lo cual sucedió hasta el mes de noviembre. El gobierno de Huerta sufrió así un duro revés, pues su ejército no pudo luchar en tantos frentes al mismo tiempo.

Mientras tanto, Carranza estableció su gobierno en Chihuahua y una de sus primeras acciones fue ordenar que las haciendas confiscadas por Villa fueran devueltas a sus propietarios al terminar la guerra. En este punto de la historia ambos militares se enfrentaron como nunca antes. Villa quería tomar Zacatecas —que era el último bastión del ejército federal y el lugar donde Huerta tenía congregados a los militares más preparados—, pues estaba convencido de que en esta forma vencería al ejército federal y podría avanzar hacia la ciudad de México. Sin embargo, lo último que quería Carranza era que Villa tomara Zacatecas y entrara triunfalmente en la capital del país, por lo cual le prohibió esta acción y lo envió a tomar Saltillo. Para dividir al ejército villista y debilitar a su general, Carranza exigió a Villa que pusiera a 5 000 hombres de la División del Norte a las órdenes del general Pánfilo Nájera.

Villa prefería renunciar a su cargo antes de permitir que sus hombres obedecieran a otro; se indignó tanto con las órdenes de Carranza que le envió un telegrama renunciando al mando de la División del Norte. El telegrama decía: "Señor, estoy resuelto a retirarme del mando de esta División. Sírvase decirme a quién se la entrego".

Carranza no lo pensó dos veces: aceptó la renuncia y giró instrucciones a la División del Norte para que eligiera un nuevo jefe. Pero Villa era tan querido entre sus hombres que éstos decidieron que, o seguía siendo su jefe o de lo contrario renunciaban todos; Carranza no tuvo otra opción más que aceptar la decisión colectiva, y Villa continuó al mando de la División del Norte.

NIÑOS EN LA REVOLUCIÓN

Muchos niños se incorporaron a las filas villistas. Mientras las tropas descansaban de una batalla, ellos jugaban, correteaban o cantaban; también tenían labores como dar el redoble de tambores o tocar la diana para despertar a la tropas. Algunos trabajaban como caballerangos, aguadores o mensajeros, y alrededor de los trece años de edad ya podían participar en el campo de batalla; para eso, a muchos les daban una pistola o una carabina 30-30.

John Reed, un periodista norteamericano que pasó algunos meses con el ejército villista, escribió: "Panchito tenía once años y ya era soldado con un rifle demasiado pesado para él y un caballo en el que tenían que subirlo. Su compadre era Victoriano, un veterano de catorce años".

Mujeres en la Revolución

Miles de mujeres participaron en la Revolución como soldaderas, enfermeras, cocineras, acompañando a sus maridos, hermanos o padres. Llevaban su canana con balas cruzada sobre el pecho; cargaban a sus bebés o llevaban itacates con comida para alimentar a los revolucionarios; se quedaban en los campamentos, pueblos o trenes siguiendo a las tropas y, a veces, usaban burros para cargar a sus hijos o a sus animales.

Villa y la División del Norte contravinieron las órdenes de Carranza y decidieron atacar Zacatecas en junio de 1914. A ellos se sumó el general Felipe Ángeles, un hombre muy diestro en el uso de las armas y en planear estrategias para combatir al enemigo. Las tropas villistas tomaron esa ciudad en una de las batallas más sangrientas de la Revolución, en donde se logró aniquilar al ejército federal. Los pobladores se encerraron en sus casas, mientras escuchaban el estruendo de los disparos y cañonazos. La ciudad se llenó de humo, granizaron balas, muchas casas y edificios fueron bombardeadas y murieron miles de personas, no sólo federales y constitucionalistas sino también civiles, entre los que se encontraban mujeres y niños.

Esta fue la mayor de las victorias de Villa y significó el triunfo de la Revolución constitucionalista: el camino hacia la ciudad de México quedaba libre. En respuesta, Carranza dio la orden de interrumpir los suministros de carbón a los ferrocarriles que usaba Villa. Como en esa época los trenes funcionaban con carbón y eran el principal medio de transporte de las tropas villistas, no pudieron seguir avanzando hacia el sur. A esto se sumó que el gobierno norteamericano suspendió la venta de armas a la División del Norte.

Semanas más tarde, en un pacto celebrado en Torreón, Villa aceptó a Carranza como el primer jefe y Carranza a Villa como comandante de la División del Norte. Se acordó que cuando terminara la Revolución, Carranza organizaría una convención para convocar a elecciones y formular un plan de mejoras para la vida de los obreros y campesinos mexicanos. Pactaron que ninguno de ellos podría ser elegido como Presidente de México y que era necesario hacer una distribución equitativa de la tierra.

Carranza convenció a los villistas de que se quedaran en el norte, mientras él, Obregón y sus tropas entraban triunfantes en la ciudad de México; así lo hicieron, y Huerta terminó presentando su renuncia el 14 de agosto de 1914; al igual que Porfirio Díaz, también huyó del país en un barco.

María Pistolas

Cuando el general Obregón entró a la ciudad de México el 15 de agosto de 1914, hizo una visita a la tumba de Madero; ahí tomó la palabra para decir que era vergonzoso que los capitalinos no hubieran hecho nada para defender al Presidente durante la Decena Trágica. A su lado estaba una maestra llamada María Arias, quien había acompañado al ejército carrancista haciendo labores de organizadora y propagandista. Obregón terminó su discurso señalando que como en México "no había hombres" le entregaba su revólver a esta mujer, que era la única digna de llevarla. Todos comenzaron a llamarla "María Pistolas"; incluso se escribieron corridos y obras de teatro sobre ella.

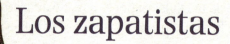

Los zapatistas

LA REVOLUCIÓN MEXICANA NO PUEDE ENTENDERSE SIN ADVERTIR LAS CARACTERÍSTICAS PARTICULARES DE LOS GRUPOS QUE PARTICIPARON EN ELLA. EL MOVIMIENTO ZAPATISTA EN EL SUR DEL PAÍS FUE UNO DE LOS GRANDES PROTAGONISTAS DE ESTE PROCESO Y SU LUCHA SE CONCENTRÓ EN EXIGIR EL REPARTO DE TIERRAS ENTRE LOS CAMPESINOS.

La mayor parte del país era rural; en estados del sur como Morelos y Guerrero la gente se dedicaba básicamente a las labores del campo y la agricultura. Tradicionalmente, la tierra había sido trabajada de manera comunitaria y le pertenecía a los pueblos; no sólo la tierra, sino también los ríos, los árboles y los montes. Sin embargo, los campesinos e indígenas, despojados de sus propiedades, pasaron de ser dueños a ser empleados y peones. Eran explotados y se les exigía el máximo rendimiento posible; se les hacía trabajar desde el amanecer hasta el anochecer sin días de descanso.

La tierra también sufrió con las haciendas y latifundios. Si los campesinos la explotaban para satisfacer necesidades básicas, los hacendados la sobreexplotaban para aumentar sus ganancias; podían producir toneladas de productos alimenticios —como caña, frijol o maíz— gracias a la tecnología que traían del extranjero, pero no le daban tiempo al suelo para que se recuperara de la cosecha; además, talaban cada vez más árboles para vender madera que llevaban en ferrocarriles a distintos mercados, devastando las regiones sin regenerarlas.

Las diferencias entre la vida de los hacendados y los peones se notaban a simple vista: mientras las haciendas eran prósperas, amplias, tenían preciosos muebles, enormes cuadros, jardines de muchas hectáreas, servidumbre, caballos y perros muy caros, los campesinos vivían en jacales, dormían sobre sus tapetes y pasaban frío y hambre.

Emiliano Zapata, el líder de los zapatistas, había nacido en 1879 en una familia campesina en un pequeño pueblo de Morelos llamado Anenecuilco, conocido por ser una región de cultivos de caña de azúcar y de pequeñas chozas de adobe y palma. En su infancia, además de trabajar junto a sus padres en las labores del campo y el cuidado de caballos, también jugaba con sus amigos, quienes de cariño le decían Miliano. Cuando se convirtió en un adulto la situación del despojo de tierras se había vuelto intolerable para su comunidad. Los campesinos de Anenecuilco se reunían por las tardes para pensar y discutir cómo evitar que los hacendados les siguieran robando las tierras que les pertenecían desde hacía siglos y, también, para pensar qué acciones debían tomar para recuperarlas.

Zapata se había ganado fama en su comunidad por ser un hombre tranquilo, nada parrandero y poco afecto a la bebida. Tenía bigotes muy largos que terminaban en punta, era delgado, moreno y fuerte, y le encantaba participar en los jaripeos y en las peleas de gallos. Además, era un verdadero charro, se vestía con ajustados pantalones negros con botonadura de plata, sombrero y espuelas. Las mujeres lo veían pasar y suspiraban. En los pueblos campesinos gozaba de un gran respeto; muchos decían que con sólo verlo a los ojos uno podía sentir seguridad.

A la edad de treinta y cinco años, Zapata fue elegido como el representante de la comunidad para defender las tierras. Se le entregaron los documentos de propiedad, muchos de los cuales estaban escritos en náhuatl; Zapata mandó traer un traductor y estuvo leyéndolos por varios días. Cuando se enteró del plan revolucionario de Madero se lo comentó a los campesinos de Anenecuilco, quienes, después de varias deliberaciones, decidieron apoyarlo. Los que tenían caballos se subieron a ellos, los demás se pusieron sus huaraches y caminaron y muchos otros se fueron descalzos a la Revolución. Así inició la lucha de los zapatistas, quienes en poco tiempo fueron avanzando y tomando ciudades importantes en Morelos y también en Puebla.

Actualmente, en el estado de Morelos se puede recorrer la "ruta de Zapata", que incluye la visita a varios sitios en donde se desarrolló la vida y lucha del caudillo. Por ejemplo, se puede conocer Anenecuilco, el pueblo en el que nació; Tlaltizapan, lugar donde se ubicaba uno de los cuarteles generales de los zapatistas y en el que se entrenaban las tropas; la Hacienda de Chinameca, donde fue acribillado, y Cuautla, donde su cadáver fue exhibido (en las calles, en la inspección de policía y en la presidencia municipal) y finalmente enterrado. En todos estos sitios hay museos que van explicando la historia del líder revolucionario y en el camino se pueden visitar cascos de ingenios azucareros en los que trabajaban los campesinos de la época.

Cuando terminó la primera etapa de la Revolución y se logró deponer a Díaz, los zapatistas supieron que la Revolución aún no terminaba, pues todavía no les habían devuelto sus tierras; aunque se les pidió que se desarmaran, se negaron: nada les aseguraba que se las devolverían. Ellos no se habían levantado en armas para cambiar de Presidente, sino para mejorar su situación y lograr el reparto de tierras.

Los seguidores del zapatismo aumentaron: peones, arrieros, artesanos, agricultores, rancheros, presos que habían escapado de la cárcel, mujeres y niños (principalmente de los estados de Morelos, Puebla, Estado de México, Guerrero, Oaxaca y Distrito Federal) se unieron a la lucha. Como casi todos eran campesinos, peleaban en las temporadas en que no tenían que cultivar el campo. Pronto fueron miles de zapatistas, y a los muchos hombres que se habían unido a la lucha los acompañaban las mujeres, quienes les preparaban la comida y les zurcían la ropa; los niños también eran combatientes o, como los ancianos, servían de mensajeros. Todos desempeñaban un papel muy importante.

Emiliano Zapata sólo se casó una vez. Lo hizo a los 32 años con Josefa Espejo, la hija de un vendedor de ganado del pueblo Villa de Ayala. La boda fue una fiesta enorme: el pueblo estaba emocionado, no sólo porque Zapata era muy querido sino porque sus padrinos de boda fueron Francisco I. Madero y su esposa, a quienes todos intentaron saludar. El pueblo se llenó de tropas que resguardaban a Madero, quien le regaló a la novia un anillo y un par de aretes de oro y coral.

Josefa tuvo una vida muy difícil: Emiliano casi nunca estaba en casa y ella tenía que huir y esconderse de los gobiernos de Huerta y luego de Carranza. Además, perdió a sus dos hijos; el primero a causa de una picadura de víbora de cascabel y la segunda por la picadura de un alacrán.

Madero llegó a la presidencia en 1911, y como no comenzó el reparto agrario, Zapata se reunió con su amigo, el maestro Otilio Montaño, para pensar qué hacer. Se cuenta que estuvieron todo un día deliberando dentro de un jacal, mientras los generales y las tropas esperaban afuera. Terminaron por la noche, y cuando abrieron la puerta, Zapata agitaba un documento diciendo: "¡ahora que firme el que quiera pues!"

Así fue como se promulgó el Plan de Ayala. En un principio su lema fue "Libertad, Justicia y Ley", pero luego se transformó en "Tierra y Libertad". Este plan contenía las ideas más importantes de los zapatistas: el desconocimiento a Madero, la acusación de haber traicionado sus promesas aliándose con porfiristas, la exigencia de la expropiación de tierras de las haciendas y, principalmente, el reparto agrario.

PLAN DE AYALA
(FRAGMENTO)

"... hacemos constar: que los terrenos, montes
y aguas que hayan usurpado los hacendados,
científicos o caciques a la sombra de la justicia venal,
entrarán en posesión de esos bienes inmuebles desde
luego, los pueblos o ciudadanos que tengan sus
títulos, correspondientes a esas propiedades,
de las cuales han sido despojados por mala fe de
nuestros opresores, manteniendo a todo trance,
con las armas en las manos, la mencionada posesión,
y los usurpadores que se consideren con derechos a
ellos, lo deducirán ante los tribunales especiales que
se establezcan al triunfo de la Revolución.

En virtud de que la inmensa mayoría de los
pueblos y ciudadanos mexicanos no son más dueños
que del terreno que pisan sin poder mejorar en
nada su condición social ni poder dedicarse a la
industria o a la agricultura, por estar monopolizadas
en unas cuantas manos, las tierras, montes y aguas;
por esta causa, se expropiarán previa indemnización,
de la tercera parte de esos monopolios, a los
poderosos propietarios de ellos a fin de que
los pueblos y ciudadanos de México obtengan ejidos,
colonias, fundos legales para pueblos o campos de
sembradura o de labor y se mejore en todo y
para todo la falta de prosperidad y bienestar
de los mexicanos."

Libertad, Justicia y Ley.
Villa de Ayala, Estado de Morelos,
28 de noviembre de 1911.

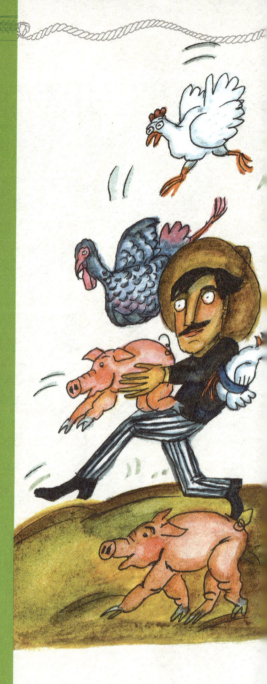

56

Los zapatistas, aplicando el Plan de Ayala, confiscaban las haciendas; se apoderaban de los rifles y municiones que encontraban, pues tenían muy poco dinero para comprar armas, rompían las cajas fuertes, quemaban los documentos y escrituras y se llevaban los caballos, gallinas o cerdos que estuvieran ahí. Al final, entregaban las propiedades a los campesinos.

Los combatientes zapatistas vivían de lo que lograban sacar de las haciendas, de sus cultivos y de lo que les ofrecían los pueblos al pasar. Cuando terminaban de pelear, regresaban a cuidar sus milpas, escondían sus armas y se confundían entre la población, por eso para el ejército era muy difícil atraparlos.

Su forma de lucha era en guerrillas: conocían muy bien el monte y los escondites, parecía que éstos los protegían; por eso se decía que en Morelos hasta las piedras eran zapatistas. Mientras estaban en acción se quedaban en cuevas, hacían fogatas, se envolvían en sus sarapes y casi dormían manteniendo un ojo abierto y otro cerrado: una mano les servía de almohada y con la otra cuidaban su carabina.

Cuando los constitucionalistas comenzaron la lucha contra Huerta, los zapatistas se les unieron. Fueron ganando batallas, pero al ser derrocado Huerta, Zapata dijo que "no reconocería a ningún gobierno que no elevara los principios agrarios del Plan de Ayala a preceptos constitucionales" y se independizó del constitucionalismo.

Venustiano Carranza no aceptó el Plan de Ayala; pensaba que Zapata era un estorbo en su camino al poder. Como él tenía estudios y era abogado, veía al general morelense como un bandido, un pelado y un salvaje; además, tampoco coincidía con las ideas zapatistas del reparto agrario.

Mientras Carranza negociaba con Villa, Zapata continuó su propia lucha y avanzó hacia la ciudad de México tratando de llevar a cabo el Plan de Ayala. En 1914 sus tropas estaban a un paso de la ciudad de México, en la población de Milpa Alta.

Corridos Zapatistas

Mientras estaban escondidos en cuevas, haciendo una fogata por la noche para continuar camino a la mañana siguiente, se oía la voz de las tropas zapatistas al cantar corridos como este:

Mi baluarte es la montaña, no lo niego;
y mi nombre es Zapatista y ha de ser,
ante un grupo de pelones no me arredro,
mientras tenga 30-30 he de querer.

Más en fin si la suerte me es adversa
y en el campo sucumbiere por desgracia,
moriré pero exclamando con firmeza:
¡Vivan las huestes del Sur, viva Zapata!

Marciano Silva y Carlos Barreto Mark,
Los corridos de Marciano Silva.

Los villistas

El villismo fue otra de las facciones más importantes de la revolución. Se concentró en el norte de México y tuvo una extensa campaña militar que abarcó miles de kilómetros en el país; el movimiento fue, en muchos momentos, casi invencible.

La historia de Villa fue diferente a la de Zapata. Había nacido un año antes, pero en una familia humilde que trabajaba en una hacienda en Durango. El primer nombre de Pancho Villa era Doroteo Arango y desde muy pequeño quedó huérfano. Un día, cuando era adolescente, vio cómo su hermana era agredida por el dueño de la hacienda donde trabajaba; se puso tan furioso, que le disparó un tiro en el pie al hacendado. Después tuvo que huir para salvar su vida y a partir de ese momento se convirtió en un forajido; para despistar a sus perseguidores, decidió cambiarse el nombre por el de Pancho Villa.

Su vida de forajido dio pie a numerosas leyendas. Se decía que le robaba a los más ricos para repartir el botín entre los más pobres y, a la vez, que era un despiadado y peligroso bandido. Se contaba también que desde muy joven se había unido a un grupo de bandoleros y que cuando su jefe le dio 3 000 pesos para comprar un caballo que le sirviera para escapar al momento de una fechoría, Villa se guardó el dinero y lo consiguió de otra forma: al primer hombre que pasó le apuntó con su pistola y le dijo "bájate del caballo, pues ahora es mío", y luego se alejó al galope en su nuevo animal.

Su fama de bandolero era tan grande que, aunque era imposible que un solo hombre cometiera tantos delitos al mismo tiempo y en lugares tan distantes, se le acusaba de todos los robos, asesinatos o desfalcos que sucedían en el norte de México.

DE DOROTEO ARANGO A PANCHO VILLA

Existen dos leyendas sobre el origen del nombre de Pancho Villa, y los historiadores no se han puesto de acuerdo en cuál fue la verdadera razón por la que Doroteo Arango tomó ese nombre. Por un lado se dice que lo hizo porque así se llamaba un famoso bandido al cual admiraba; y, por otro, que Villa era hijo ilegítimo de un hombre llamado Jesús Villa y que por eso decidió utilizar el apellido de su abuelo.

Cuando Villa conoció a Madero en Chihuahua,
se convirtió en uno de sus grandes admiradores y se
unió a la Revolución. Al ser derrotado Díaz, Madero
ordenó a Villa que combatiera a los rebeldes que
quedaban en el norte del país, junto a una brigada del
general Victoriano Huerta. Pero éste, en poco tiempo,
lo acusó de quererse insubordinar y lo condenó a pena
de muerte. Para su suerte, Madero intercedió por él
y lo envió a la penitenciaría de la ciudad de México.

Durante su cautiverio, Villa, que había deseado
por mucho tiempo aprender a leer y escribir,
no desperdició el tiempo y se dedicó a cumplir
su sueño con la ayuda de Gildardo Magaña, un
profesor zapatista que también estaba preso:
en nueve meses y a la edad de 32 años,
aprendió a hacerlo.

Quienes lo conocieron decían que era
muy simpático oírlo leer porque tenía que
ir pronunciando las palabras en voz alta
como un niño. Poco tiempo después,
Villa logró huir de la prisión y escapar
a Texas, Estados Unidos.

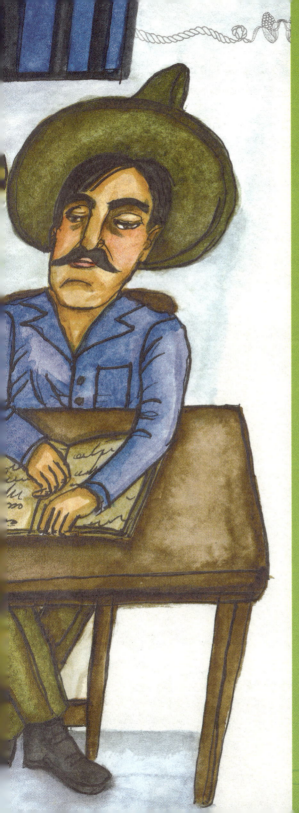

LA ORTOGRAFÍA DE PANCHO VILLA

Pancho Villa hizo muchos esfuerzos por aprender a leer y a escribir. Hasta el fin de sus días intentó leer todo lo que podía. Su vida mostró que no era necesario tener estudios para poder convertirse en un gran transformador social y un ser humano sensible. En una carta Villa escribió:

"Yo soy uno de sus amigos que le hinploro felisidad, aunque no se cuanto le allan puesto mal de mi, pero yo juro que sere fiel [...] y nunca tendra de mi adulasiones, por que el onbre de conbisiones firmes sufre como yo pero sufre en el fondo del corason no me quejo con Ud. de mis sufrimiento por que los sufrimientos se hisieron para los onbres [...] No olbide Ud. que ami no me asedusido el dinero [...] a mi nunca me asedusido el tesoro ay personas que ablan de mi pero estan muy lejos de conprender los sentimientos de mi corason. Yo soy onbre de conbisiones firmes y si no las an conprendido ay que sufrir."

Friederich Katz,
Pancho Villa.

A Villa le gustaba tanto el cine que aceptó actuar en una película llamada *La vida del general Villa*. Fue filmado por muchos cineastas norteamericanos y llegó incluso a repetir su entrada a algunas poblaciones porque el director de la película decía que la escena no había salido bien. Otras veces pasaba galopando en su caballo frente a las cámaras y la escena tenía que hacerse de nuevo porque debía pasar despacio; en algunas ocasiones se quedaba tieso frente la cámara, pues pensaba que le estaban tomando una foto. Villa llegó a firmar un contrato para actuar en películas y, aunque acostumbraba comenzar los ataques por la noche, en él acordó que iniciaría sus peleas a las nueve de la mañana para que los camarógrafos tuvieran buena luz para sus filmaciones.

Cuando Madero fue asesinado en la Decena Trágica y Venustiano Carranza lanzó el Plan de Guadalupe para luchar contra Huerta, Villa decidió unirse nuevamente a la Revolución y reconocer a Carranza como primer jefe. Así, se incorporó al ejército constitucionalista y organizó una brigada en Chihuahua. Meses después creó, con grupos armados ya existentes, la División del Norte, que en poco tiempo sumó más de 50 000 hombres. Entre ellos había vaqueros, arrieros, rancheros, mineros, obreros, peones y ferrocarrileros.

Al mando de la División del Norte, Villa tomó Chihuahua a fines de 1913 y se proclamó gobernador provisional del estado. Trabajó con entusiasmo y pronto estableció una serie de medidas extraordinarias: abarató el precio de la carne, creó escuelas primarias, puso en funcionamiento plantas eléctricas, tranvías, teléfonos y bancos, abrió institutos científicos, emitió nuevos billetes, prohibió bajo pena de muerte los robos y la venta de licores, confiscó bienes para pagar pensiones a viudas y huérfanos de la Revolución y puso a sus hombres como policías para que vigilaran que todo esto se cumpliera.

Sin embargo, cuando Carranza se enteró de estas políticas, le exigió que dejara la gubernatura de Chihuahua inmediatamente y Villa tuvo que renunciar a regañadientes al cabo de un mes. Cuentan que esos días se la pasaba diciendo que Carranza era "un viejo de lo peor".

La División del Norte tuvo un cuerpo de élite que se llamó Los Dorados de Villa; era el cuerpo más disciplinado, mejor armado, con los mejores caballos y armas y, por lo tanto, el más temible de todo el ejército constitucionalista. Sus miembros tenían una puntería asombrosa, eran muy ágiles jinetes y sólo respondían a las órdenes de Villa; ahí no había mujeres ni niños. Se les decía "los dorados" porque su uniforme era color caqui y cuando se les veía cabalgar de lejos bajo la luz del sol, parecía tornarse del color del oro.

Las victorias del ejército villista eran famosas y la gente no dudaba en sumarse a sus tropas: centenares de hombres, mujeres y niños siguieron la rebelión. Como debían mantenerse en constante movimiento, los trenes se convirtieron en sus casas rodantes. Así, el ferrocarril sirvió tanto para la vida cotidiana como para la guerra y el desplazamiento de tropas, convirtiéndose en uno de los símbolos del ejército villista.

"La afición de los niños eran los juguetes relacionados con la guerra: fusiles, trajes militares, espadas, caballos, soldaditos de plomo. O bien, aquéllos destinados a ejercitar su destreza física: pelotas, baleros, trompos. Por su parte, las niñas crecían entre cantos y rondas, y entre aquellos juegos que las iniciaban en las labores domésticas y los afanes de la maternidad: muñecas, siluetas de papel para recortar, juegos de té, casitas."

Beatriz Alcubierre y Tania Carreño, *Los niños villistas. Una mirada a la historia de la infancia en México, 1900-1920.*

Había distintos tipos de vagones, unos cargaban el carbón, los caballos y la artillería; otros eran los dormitorios, el hospital, la cocina o el comedor. Los vagones más amueblados eran ocupados por los jefes y tenían sillones o pequeñas salas para reuniones. Los trenes se estacionaban afuera de las poblaciones capturadas y ahí se establecían los campamentos.

Mientras los hombres combatían o limpiaban sus caballos y armas, las mujeres, adentro, arriba y debajo de los vagones, hervían olotes y preparaban tortillas, frijoles y salsas. Cuando se conseguía algo de carne era como un día de fiesta pues generalmente las tropas y sus acompañantes pasaban mucha hambre. Las mujeres lavaban la ropa en los ríos, tallándola en las piedras; las niñas ayudaban a sus madres y los niños servían como centinelas, mensajeros o asistentes de los hombres; cuando cumplían doce o trece años podían sumarse a las peleas en el campo de batalla.

Pancho Villa era musculoso y alto, tenía los dientes manchados, el bigote relamido y el pelo negro rizado; quienes lo conocían contaban que bastaba mirar sus pequeños ojos cafés para conocer su estado de ánimo, pues cuando estaba enojado su mirada parecía sacar chispas, rayos y centellas. Le decían "el centauro del norte", como si fuera un ser mitológico, mitad hombre y mitad caballo, ya que era un diestro jinete, que cabalgaba bien erguido y con las piernas tiesas. Su caballo en realidad era una yegua, llamada *Siete Leguas,* a la que adoraba y le daba todo tipo de privilegios; era su consentida.

Pero sobre todas las cosas, Villa era muy valiente y un gran estratega militar; sus tácticas se basaban en el secreto, la rapidez de los movimientos y el conocimiento del terreno. Además, tenía un magnetismo impresionante y en cuestión de días podía reunir rápidamente a cientos de hombres; para que éstos acataran sus órdenes y fueran a combatir al campo de batalla, les prometía tierras y les pagaba pequeños salarios. Era tan querido que, cuando se quedaba a dormir en algunos poblados para continuar su trayecto al día siguiente, la gente lo invitaba a ser padrino de bodas o de bautizos e incluso organizaban banquetes y bailes en su honor.

Villa no fumaba ni bebía alcohol, le encantaban las peleas de gallos, el teatro, el cine, los toros y, sobre todo, bailar: era capaz de hacerlo toda la noche. Se sabe que tuvo varias novias y esposas y un gran número de hijos, que era muy sentimental y no le importaba llorar en público si la emoción le ganaba.

Pancho Villa es uno de los personajes más atractivos de la historia mexicana. Su temple y sus cualidades han provocado ríos de tinta. Existen decenas de libros sobre su biografía, andanzas y hazañas revolucionarias. Uno de los estudios históricos más serios es el del historiador Friederich Katz; por el lado de la literatura, Paco Ignacio Taibo II escribió una amena biografía, y Martín Luis Guzmán reunió y ordenó sus memorias, permitiéndonos acercarnos a la versión del propio Villa sobre su vida. Una de sus esposas, Luz Corral, publicó un libro en el que narró su intimidad con este general.

A pesar de la oposición de Carranza, Villa tomó Zacatecas en junio de 1914, en una acción impresionante en la que los villistas aniquilaron al ejército federal, de 12 mil hombres. Esta fue una de las ofensivas más importantes para deponer a Huerta. A pesar de que su batalla había sido impecable, Carranza no lo ascendió de grado militar y, en cambio, sí ascendió a otros revolucionarios que habían ganado batallas mucho menores.

El triunfo de Carranza

AL DÍA SIGUIENTE DE LA RENDICIÓN DE HUERTA, EL 15 DE AGOSTO DE 1914, EL GENERAL CONSTITUCIONALISTA ÁLVARO OBREGÓN ENTRÓ EN LA CIUDAD DE MÉXICO; POCOS DÍAS DESPUÉS LLEGÓ CARRANZA. EN UN INICIO LOS CAPITALINOS LOS RECIBIERON CON JÚBILO, PERO PRONTO MUCHOS ADVIRTIERON QUE ERA NECESARIO TOMAR PRECAUCIONES PARA EVITAR EL SAQUEO DE LAS TROPAS CARRANCISTAS.

Cuando llegaron a la ciudad, los soldados no tardaron en entrar por la fuerza a casas y negocios para sustraer muebles, cuadros, alimentos, joyas o dinero. Tal fue el pillaje cometido por los carrancistas que muy pronto la palabra "carrancear" se convirtió en sinónimo de robar. En las reuniones y conversaciones se escuchaban historias de gente a la que habían carranceado: "¡me carrancearon mi collar!", se quejaba una dama; "¡si te descuidas te carranceo las botas!", bromeaban los compadres. Era tanta la mala fama de los constitucionalistas que uno de sus apodos fue "consusuñaslistas".

Carranza buscó una reunión con Villa y Zapata, pero este último lo veía como un hombre ávido de poder y poco preocupado por los problemas del campo; así que, como condición para reunirse, le exigió aceptar el Plan de Ayala. Como era de esperarse, Carranza se negó.

Villa tampoco fue fácil de convencer. Él quería repartir las haciendas confiscadas entre los campesinos (mientras que Carranza deseaba devolverlas a los terratenientes), además de que estaba molesto porque no había sido él quien, a pesar de haber ganado las batallas más importantes para deponer a Huerta, había entrado triunfante a la ciudad de México. Por lo tanto, existían entre ellos más desacuerdos que puntos de coincidencia.

Al final se llegó a un arreglo para que las distintas facciones revolucionarias se reunieran a firmar una convención. Ésta se celebró primero en la ciudad de México, sin los zapatistas, y luego en Aguascalientes, ya con algunos representantes de Emiliano Zapata. La idea era elaborar un proyecto para ver de qué forma se organizaría el país ahora que ya no había dictadores. Al haber representantes de todos los grupos, la llamada Convención de Aguascalientes devino en un enorme alboroto. La reunión duró cinco semanas y las discusiones eran tan largas como dramáticas. Por ejemplo, Villa llegó a proponer que lo fusilaran junto con Zapata y Carranza para terminar con los problemas de una buena vez.

También hubo serios debates en los que finalmente se llegó a una resolución: la Convención apoyaría el Plan de Ayala, desconocería a Carranza como primer jefe y a Villa como jefe de la División del Norte. Los carrancistas no aceptaron este acuerdo, abandonaron la Convención y se insurreccionaron contra ésta. Los convencionistas declararon en insubordinación a Carranza y designaron a un Presidente provisional: Eulalio Gutiérrez.

Carranza se fue con sus tropas a Veracruz, que acababa de ser desocupada por el ejército norteamericano. Ahí estableció su gobierno, planeó las estrategias que llevaría a cabo contra los villistas y zapatistas y elaboró un plan para gobernar el país. Desconoció a la Convención y dio órdenes a su ejército para combatirla.

Una táctica que le resultó muy provechosa para sumar adeptos a su lucha fue promulgar dos leyes, una para repartir un poco de tierra a los campesinos, y otra para mejorar la situación en la que vivían los obreros. También decidió devolver a los terratenientes las haciendas que los revolucionarios les habían confiscado.

Los constitucionalistas necesitaban dinero para sufragar sus gastos de guerra, por lo que se les hizo fácil emitir sus propios billetes: crearon los billetes Monclova y las Emisiones del ejército constitucionalista; luego los de Gobierno Provisional de la Ciudad de México. Pero también existían billetes emitidos por Zapata, Villa y otros jefes revolucionarios; los villistas habían creado los billetes llamados Sábanas o Calzones Blancos y los Dos Caras o Dos Caritas. Después de la Convención revolucionaria circularon los billetes Revalidados y los Inconvenientes. En Guerrero estaban los Tordillos; éstos debían utilizarse obligatoriamente en las regiones ocupadas por los distintos grupos revolucionarios y no eran convertibles en plata u oro. Cuando Obregón ocupó la ciudad dijo que sólo permitiría la moneda carrancista, del Gobierno Provisional de Veracruz, lo cual provocó protestas, cierres de bancos y comercios, pues los capitalinos tenían diversas monedas y nadie quería quedarse con billetes que no servían para nada. Tanta era la confusión que la gente volvió al trueque o pagaba alimentos con los boletos de tranvía. En 1915 se decidió que todos los billetes que no fueran carrancistas serían incinerados. Todos los días en el patio central del Palacio Nacional decenas de curiosos se agrupaban para ver cómo se hacían cenizas miles y miles de pesos.

Los primeros días de diciembre de 1914, Villa y Zapata pudieron conocerse por primera vez en Xochimilco. Nunca se habían visto, pero enseguida se tomaron del brazo y caminaron juntos hacia la escuela del pueblo para conversar. Estaban tan impactados que no pudieron pronunciar palabra hasta media hora después, cuando Villa rompió el silencio y sugirió que se hiciera un brindis; Zapata era abstemio pero por cortesía aceptó tomar una copa. Luego dialogaron sobre la necesidad de la reforma agraria y cada uno defendió su postura; Zapata explicó que para él era importante la reforma agraria a nivel nacional y Villa sostuvo que era mejor hacerla a nivel regional. Convinieron que Zapata se encargaría de vencer a las fuerzas de Carranza en el sur, y Villa —quien además se comprometió a ayudar a los zapatistas con armas y municiones para su lucha contra Carranza— en el norte.

Al terminar la reunión entre los dos generales revolucionarios, sus tropas entraron desfilando a la ciudad de México. Algunos capitalinos gritaban emocionados y muchos tenderos abrieron sus comercios, que habían estado cerrados durante la estadía de los constitucionalistas en la ciudad. Y aunque Villa le prohibió a sus hombres cometer asaltos, estos no cumplieron las órdenes y la violencia se desató en la capital.

La situación en la ciudad era dramática: no había orden; los comercios eran saqueados mientras los comerciantes se escondían atemorizados en las azoteas; las fábricas, las escuelas y los mercados cerraron por miedo; por varios días los capitalinos se quedaron sin agua porque los zapatistas habían descompuesto las bombas de agua de Xochimilco para boicotear a los carrancistas.

UNA OBRA DE TEATRO

En los teatros se hablaba de política, se decían chistes colorados y se representaban obras que exponían la situación que el país atravesaba. En una de ellas los personajes de perros y gatos iniciaban el número cantando:

Los perros y gatos
de la capital
que estamos pasando
una era fatal
de hambre seguro
nos van a matar;
ni un triste mendrugo
nos quieren ya dar.
Miau, miau, miau.
Guag, guag, guag.

En *El teatro de género chico en la Revolución mexicana.* Armando de María y Campos.

Los alimentos comenzaron a escasear, los carniceros, panaderos y tortilleras decían que venderían la comida "al precio que les diera la gana y al que no le gustara que no comiera". Y como los trenes, las carretas, los tranvías de mulitas y los caballos se utilizaban para transportar armas y municiones para la guerra, muy pocos alimentos llegaban a la ciudad. Grupos de mujeres desesperadas hicieron manifestaciones frente a Palacio Nacional cargando sus canastas vacías, exigiendo pan y quejándose de que sus familias estaban muriendo de hambre.

Como no había carbón para cocinar ni para calentarse o iluminar, por la noche muchos hombres salían a cortar los árboles de las calles o de los parques para obtener leña. Sin agua, sin luz y sin comida, las epidemias y las enfermedades aumentaron. El rostro de gran parte de los capitalinos denotaba hambre, cansancio y suciedad.

Villa y sus tropas decidieron dejar la ciudad e irse al norte a combatir a los grupos carrancistas. Zapata, por su parte, se desplazó hacia el sur. El presidente Gutiérrez se quedó en la ciudad, pero como era débil, tenía poca autoridad y blandas convicciones, pronto se dejó convencer por los carrancistas para unirse a ellos y renunció a su puesto. Cuando Villa se enteró le hizo una visita de urgencia donde lo amenazó con asesinarlo si dejaba la presidencia, pues eso implicaba un fracaso para la Convención. Pero Gutiérrez huyó una noche de la capital a hurtadillas, con lo cual la fracción convencionista quedó fracturada y tuvo que elegir a otro Presidente provisional de inmediato.

La alianza entre las facciones revolucionarias se resquebrajó y los convencionistas se dividieron. En 1915 los villistas se encontraban combatiendo en Chihuahua, Coahuila, Durango, Zacatecas y Nuevo León; los zapatistas en Morelos, Estado de México, Puebla y Guerrero. Villa no cumplió con la promesa de enviar armas y municiones a los zapatistas, y, en consecuencia, éstos no lograron avanzar sobre las posiciones carrancistas, así que tuvieron que replegarse en Morelos. Tal situación provocó que los zapatistas se distanciaran de los villistas. Los constitucionalistas, por su parte, al tener la ciudad libre, obligaron al nuevo Presidente convencionista a rendirse.

En la ciudad de México los obreros —organizados en la Casa del Obrero Mundial—, al ver que Carranza y Obregón apoyaban las huelgas obreras y hablaban de los derechos laborales, decidieron firmar un pacto con ellos. Crearon los Batallones rojos, compuestos por obreros y artesanos, para participar en el ejército carrancista y luchar contra los villistas y los zapatistas.

Álvaro Obregón, por órdenes de Venustiano Carranza, persiguió y combatió a las tropas villistas en la zona del Bajío y logró derrotarlas en Celaya, con el apoyo de seis mil hombres de los Batallones rojos. Villa siempre peleaba con grandes avances de caballería, pero Obregón tuvo la idea de construir trincheras en los canales de riego y resguardarlas con alambres de púas para disparar desde ahí a los jinetes villistas. Obregón conocía estas estrategias militares porque leía las noticias sobre la Primera Guerra Mundial, que transcurría en Europa.

EL BRAZO DE OBREGÓN

En junio de 1915, en un enfrentamiento en Guanajuato entre obregonistas y villistas, una granada del ejército villista explotó al lado del general Álvaro Obregón. Cuando recuperó el conocimiento se dio cuenta que le faltaba el brazo derecho; preocupado, pues no le gustaba mucho la idea de dejar abandonado su brazo en el campo de batalla, ordenó a sus soldados que se apresuraran a buscarlo por el suelo. Luego de un rato lo encontraron, lo limpiaron y lo metieron en un recipiente con alcohol. Después de su muerte, su familia decidió que el brazo fuera mostrado a todos los mexicanos en el monumento del parque de La Bombilla, en la ciudad de México, lugar donde años después, asesinaron a Obregón. En la década de 1980 alguien se robó el frasco con el brazo y hasta ahora se desconoce su paradero.

Villa tenía pocas armas y municiones y no era un estudioso de las tácticas militares, así que continuó combatiendo como acostumbraba. Las tropas de Obregón lo derrotaron dejando el campo de batalla sembrado de cadáveres villistas, y la División del Norte y Villa fueron vencidos. Sólo quedaron pequeños grupos haciendo guerra en las montañas de Chihuahua, pero ya no representaban ningún peligro.

LA EXPEDICIÓN PUNITIVA

El reconocimiento de Estados Unidos al gobierno carrancista, la prohibición de venta de armas a los villistas y los rumores de que Carranza habría prometido a los estadounidenses el nombramiento de tres miembros de su gabinete presidencial, enfureció a Pancho Villa. En marzo de 1916 decidió atacar una pequeña población norteamericana en Columbus, Nuevo México. Los villistas fueron repelidos por el ejército estadounidense que cruzó la frontera mexicana para perseguirlos. El presidente de Estados Unidos envió a un contingente de cinco mil hombres y ocho aeroplanos para invadir el territorio mexicano y emprender la llamada Expedición punitiva, con el fin de capturar a Villa y a sus hombres. Los dos países estuvieron a punto de la guerra. Carranza exigió el retiro inmediato de las tropas invasoras pero el ejército mexicano no presentaba resistencia y los estadounidenses pudieron cruzar todo el estado de Chihuahua. El Presidente mexicano se debatía entre evitar la guerra y capturar a Villa, pero el "Centauro del Norte" logró escapar y los estadounidenses salieron de México el 5 de enero de 1917.

Carranza se dedicó a consolidar su triunfo y afinar su proyecto para el país. El gobierno norteamericano lo reconoció como Presidente legal en octubre de 1915 y ese fue el golpe de gracia para Villa.

En septiembre de 1916 Carranza publicó una convocatoria para la elección de diputados para el Congreso constituyente, en donde se redactaría la nueva Constitución mexicana que recogería las demandas sociales de los revolucionarios. Pero Carranza puso trabas; al Congreso sólo podrían asistir los que hubieran sido siempre fieles al Plan de Guadalupe y a él, es decir, ni zapatistas ni villistas, sólo carrancistas.

El Congreso duró varias semanas; participaron decenas de hombres de todas las regiones del país, pero muy pocos campesinos. Se discutió la propuesta de Carranza, pero como no contemplaba las transformaciones sociales y políticas esperadas, los constituyentes, entre quienes se encontraban hombres muy radicales y que simpatizaban con los campesinos, decidieron escribir una Constitución completamente nueva.

CANTINFLEANDO EN EL CONSTITUYENTE

En el Congreso constituyente hubo brillantes y destacados oradores, pero a otros era muy difícil entenderles. Un historiador cuenta que a un diputado lo interrumpieron porque nadie entendía qué estaba diciendo: "¡No te distantees!" le gritaban. "No, si no me he destanteado", respondía. "¡Vamos, vamos!", le volvían a gritar porque no oían al orador. "¿Cómo se me va a oír si no digo nada?", decía éste. Luego el orador exclamaba: "Para terminar, voy a permitirme simplemente decir lo que ya he dicho".

Alfonso Taracena,
Historia extraoficial de la Revolución Mexicana.

Finalmente, muchas de las demandas zapatistas y villistas fueron tomadas en cuenta en la nueva Constitución. Los artículos más importantes fueron el 3, 27, 123 y 130. El artículo 3 prohibió la enseñanza religiosa y proclamó la educación pública y gratuita. El 27 determinó que los recursos naturales del país como la tierra y el agua serían propiedad de la nación mexicana, y se ordenó que se expropiaran los latifundios para dividirlos en pequeños terrenos de carácter comunal. Además, las riquezas del subsuelo no podían estar en manos privadas sino que eran propiedad de la nación.

El artículo 123 garantizó la libertad de huelga y de organizar sindicatos; determinó que la jornada laboral sería de 8 horas para los adultos y de 6 horas para los menores entre 12 y 16 años, y estableció un día de descanso a la semana e indemnizaciones por accidentes y enfermedades. El artículo 130, por su parte, prohibió a los sacerdotes participar en la política y planteó la separación entre la Iglesia y el Estado.

LOS ESTRAGOS DE LA GUERRA

El país había sufrido los estragos de la guerra: escasez, batallas, enfermedades, migraciones, miles de muertos, viudas y huérfanos. Había hambre, destrucción y desempleo. El pintor José Clemente Orozco, que vivió en aquellos años, escribió en su autobiografía: "La tragedia desgarraba todo a nuestro alrededor. Tropas iban por las vías férreas al matadero. Los trenes eran volados. Se fusilaba en el atrio de la parroquia a infelices zapatistas que caían prisioneros de los carrancistas. Se acostumbraba la gente a la matanza, al egoísmo más despiadado, al hartazgo".

El 5 de febrero de 1917 se promulgó la Constitución y en mayo inició la presidencia constitucional de Venustiano Carranza. Con la nueva Constitución la situación del país comenzó a cambiar, pero muy lentamente; la nación había quedado herida después de tantos años de guerra revolucionaria: el comercio no fluía; había escasez de alimentos; enfermedades, y destrucción de caminos, campos y ciudades.

Carranza repartió pocas tierras, reprimió muchas huelgas e hizo tratos con los hacendados para devolverles sus haciendas. Además, la aplicación de la Constitución no fue inmediata y provocó resistencias entre los actores que debían acatarla. El nuevo gobierno enfrentó muchas dificultades para reconstruir al país y regular la tenencia de la tierra, las minas y el petróleo, pues estos recursos estaban en su mayor parte en manos de empresarios extranjeros.

Durante su gobierno,
Carranza buscó reglamentar el
artículo 27 en lo que se refería
al petróleo, la principal fuente
de ingresos del país en ese
momento. El petróleo estaba
en manos, esencialmente, de
compañías estadounidenses,
pero en tanto la nueva
Constitución señalaba
que los recursos del
subsuelo pertenecían a
la nación, se exigió que las
compañías petroleras pagaran
impuestos y pidieran permiso
para hacer perforaciones.

El gobierno de Estados Unidos amenazó con invadir
México si se afectaban los intereses de sus empresarios, pero
el gobierno mexicano defendió el derecho a la soberanía y se
manifestó en contra de la intervención. En el Congreso de la
Unión, por otra parte, los senadores comenzaron a redactar
leyes para asegurar que el petróleo fuera propiedad nacional.

Parte de la política del presidente Carranza fue terminar definitivamente con sus enemigos, por eso la suerte de los caudillos revolucionarios fue adversa; como los zapatistas seguían luchando en Morelos, en 1919 se envió al coronel Jesús Guajardo para tender una trampa a Zapata y asesinarlo. Guajardo hizo creer a Zapata que estaba decepcionado de Carranza y que deseaba unirse al zapatismo. Lo invitó a comer a la hacienda de Chinameca, en el estado de Morelos, que Guajardo ocupaba como cuartel.

Cuando Zapata llegó había decenas de soldados con la orden de matarlo; éstos le dispararon a quemarropa y lo asesinaron. Era una mañana del 10 de abril. Como premio, Guajardo recibió 50 mil pesos del gobierno y un ascenso militar. Con esta traicionera acción se dió un golpe mortal a la lucha armada zapatista.

Cuando llegó el momento de las elecciones presidenciales en 1920, la situación política se agravó. Álvaro Obregón se separó de Carranza y presentó su candidatura acusando al Presidente de no haber sido capaz de pacificar al país, de querer imponer un candidato de su agrado y no establecer el sufragio efectivo.

Por su parte, el gobernador sonorense Adolfo de la Huerta organizó una rebelión y un Plan contra Carranza en Agua Prieta, Sonora, que pronto se extendió por todo el país. El Presidente tuvo que huir de la ciudad de México y, en 1920, mientras dormía en un jacal en el pueblo de Tlaxcalantongo, Puebla, fue asesinado. De la Huerta tomó la presidencia provisionalmente y convocó a elecciones. Ganó Obregón y los sonorenses que lo habían apoyado; así inició la etapa del México posrevolucionario.

EL ASESINATO DE VILLA

En 1920 Villa se retiró a vivir a una hacienda que le había otorgado el gobierno en Canutillo, Chihuahua. Ahí había construido una escuela primaria para 300 alumnos, la cual era su orgullo; los niños del lugar recibían desayunos y comidas gratuitas. También hizo una escuela nocturna para trabajadores.

El 20 julio de 1923, mientras Villa iba manejando su coche en la ciudad de Parral y bromeaba con sus guardaespaldas, un hombre que estaba parado en una esquina gritó "¡viva Villa!" Villa no tuvo tiempo de responder; ese había sido el grito de aviso para que los asesinos que lo estaban esperando le dispararan 40 tiros.

Entre 1920 y 1940 se dio uno de los grandes fenómenos literarios de México. Muchos autores retomaron el tema de la Revolución mexicana, sus personajes, sus demandas, conflictos o tragedias para escribir novelas. Mariano Azuela escribió *Los de abajo*; Martín Luis Guzmán escribió *El Águila y la Serpiente* y *La sombra del caudillo*; José Vasconcelos escribió *Ulises Criollo* y Nellie Campobello escribió el libro de cuentos *Cartucho*. Todos estos autores habían vivido la Revolución de alguna manera, como combatientes, como políticos o como parte de su vida cotidiana.

La Revolución mexicana fue una de las revoluciones más importantes del siglo xx. Mostró que mediante la unión era posible vencer los obstáculos más difíciles, como derrocar a una violenta y poderosa dictadura.

Entre los logros más relevantes estuvo la prohibición de la reelección de gobernadores y del Presidente, la obligación del Estado de proporcionar educación gratuita, laica y obligatoria para todos los niños del país, el establecimiento de derechos laborales como la jornada de trabajo de ocho horas, el derecho a huelga y a días de descanso y el decreto del reparto agrario, además de que se consiguió que las tierras, bosques, aguas y recursos del subsuelo pertenecieran a la nación.

Otro de los triunfos revolucionarios fue que las mayorías —compuestas por los campesinos y los obreros, que antes habían sido marginados de la vida política— se reconocieron como fuerzas políticas y sociales importantes. A partir de la Revolución, los gobernantes entendieron que no podían dejar de tomar en cuenta a estos sectores y escuchar sus opiniones, demandas y reclamos.

La Constitución de 1917 le dio una nueva cara al país, pero sus dictados, que implicaban justicia social y equidad, tardaron en cumplirse; tuvieron que pasar muchos años para que los niños dejaran de trabajar largas jornadas en las fábricas, los obreros mejoraran sus condiciones de vida y los campesinos tuvieran tierras para cultivar. Si bien la Revolución dotó a México de leyes más justas, reestableció la libertad de expresión que había estado suprimida durante el Porfiriato y logró importantes avances sociales, lamentablemente no terminó con la desigualdad y la pobreza del país.

En muchas calles también ocurrió una "revolución"; a éstas se les pusieron nombres que tenían que ver con algún personaje o suceso revolucionario. En diciembre de 1914, al llegar a la capital del país, Pancho Villa quiso que la capital nunca olvidara el asesinato de Madero y decidió que la calle San Francisco, una de las más importantes de la ciudad, volviera a llamarse "Avenida Francisco I. Madero". Villa organizó un evento luctuoso en el panteón, frente a la tumba de Madero; luego de que la banda tocó el himno nacional, pronunció un conmovedor discurso sobre Madero que le arrancó lágrimas no sólo a él sino a todos los que lo escuchaban. Después fue a la calle San Francisco y él mismo colocó la placa con el nuevo nombre.

Una vez que la Revolución mexicana terminó, se cambió el nombre de muchas calles tanto en pueblos como en ciudades. Por ejemplo, en el centro de la ciudad de México la calle de Capuchinas se transformó en la avenida Venustiano Carranza, y a una de las avenidas al sur de la ciudad se le nombró División del Norte.

Al terminar los diez años de lucha armada, México quedó muy lastimado; había delincuencia, emigración y desempleo. Las familias estaban fracturadas, los niños habían perdido a sus padres en la Revolución, muchas mujeres quedaron viudas. Las enfermedades atacaron a una población que era mayoritariamente pobre y vivía en el campo.

Comenzó entonces otra etapa de la historia, en la que el objetivo fue reconstruir la sociedad y aplicar los preceptos revolucionarios. A esa etapa se le conoce como Posrevolución.

Cronología

1910

Mayo 18. Paso del cometa Halley por el cielo mexicano.

Junio 6. El candidato a la presidencia Francisco I. Madero es detenido en Monterrey. Acusado de intento de rebelión y de ofender a las autoridades, es llevado a San Luis Potosí.

Junio. Porfirio Díaz es electo como Presidente de México por séptima vez.

Septiembre 15. En las ciudades más grandes del país se celebra el centenario de la Independencia de México.

Octubre. Madero proclama el Plan de San Luis, invitando al pueblo a insurreccionarse contra el gobierno el día 20 de noviembre. Centenares de copias de este Plan se imprimen y se reparten por todo el país.

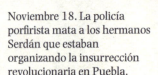

Noviembre 18. La policía porfirista mata a los hermanos Serdán que estaban organizando la insurrección revolucionaria en Puebla.

Noviembre 19. Francisco Villa ofrece sus servicios al maderismo y se presenta con 15 hombres listos para la lucha.

Noviembre 20. Inicia formalmente la Revolución mexicana en varios puntos del país.

1911

Enero. Los magonistas toman Tijuana y Mexicali.

Febrero 14. Madero y sus tropas entran al territorio mexicano por Ciudad Juárez.

Marzo 6. Madero y su ejército atacan Casas Grandes, Chihuahua, pero son derrotados.

Mayo 10. Batalla de los maderistas en Ciudad Juárez, Chihuahua. Los generales Pascual Orozco y Pancho Villa logran tomar la ciudad.

Mayo 21. En Ciudad Juárez, Madero firma un pacto con Porfirio Díaz, quien acepta renunciar a la presidencia e irse del país.

Mayo 25. Porfirio Díaz y su esposa, con varias maletas en las manos, salen de México a bordo del barco Ipiranga.

Junio 7. Pocas horas después de que la ciudad de México se viera sacudida por un terremoto, Madero entra a la capital.

Octubre. Madero se convierte en el Presidente legítimo.

Noviembre 28. Emiliano Zapata y otros revolucionarios morelenses desconocen al gobierno de Madero y proclaman el Plan de Ayala en el que exigen la repartición de la tierra entre los campesinos.

1912

Enero 3. En Chihuahua, Pascual Orozco se rebela contra el gobierno de Madero.

Agosto 1. El general Álvaro Obregón derrota a la rebelión de Orozco.

1913

Febrero 9 al 19. En los diez días que dura la Decena Trágica, Madero es derrocado; él y el vicepresidente José María Pino Suárez son asesinados.

Febrero 22. El general Victoriano Huerta toma el poder y asume la presidencia de manera ilegítima.

Marzo. Venustiano Carranza, gobernador maderista de Coahuila, proclama el Plan de Guadalupe desconociendo al gobierno del general Huerta y se nombra primer jefe del ejército constitucionalista.

Noviembre. Francisco Villa toma Ciudad Juárez.

1914

Abril 9 al 21. Las tropas norteamericanas invaden el puerto de Veracruz. El ejército mexicano detiene en Tampico a marinos estadounidenses que habían desembarcado armados.

Abril. La División del Norte, al mando del general Pancho Villa, ocupa Torreón luego de ocho días de combate.

Junio. Villa y la División del Norte toman Zacatecas.

Julio 8. Obregón entra en Guadalajara tras derrotar a las tropas federales.

Julio 15. Victoriano Huerta renuncia a la presidencia y abandona el país.

Agosto 20. Carranza entra a la capital como primer jefe del ejército constitucionalista y asume la presidencia.

Octubre. Se realiza una convención de las fuerzas revolucionarias en la ciudad de Aguascalientes: Villa y Zapata forman una alianza contra Carranza y lo desconocen.

Noviembre 2. Carranza se va a Veracruz y ahí establece su gobierno.

Noviembre 24. Las tropas zapatistas entran a la ciudad de México.

Diciembre 6. Los ejércitos villistas y zapatistas toman la ciudad de México. La Convención revolucionaria decide que Eulalio Gutiérrez sea el Presidente del país.

Diciembre 12. En Veracruz, Carranza efectúa adiciones al Plan de Guadalupe que contemplan mejoras para campesinos y obreros; rechaza los acuerdos de la Convención de Aguascalientes.

1915

Enero 19. Villa va a Chihuahua a buscar a sus tropas. Zapata va al sur. Obregón recibe el mando de las tropas constitucionalistas.

Febrero. Obregón toma la ciudad de México. Los trabajadores de la Casa del Obrero Mundial le ofrecen su cooperación y forman los Batallones rojos.

Marzo. Obregón sale de la ciudad de México con 30 mil hombres a combatir a Villa en el Bajío.

Abril 16. Obregón derrota a Villa en Celaya.

Octubre. El gobierno de Carranza es reconocido por varios países, incluido Estados Unidos.

Noviembre. Venustiano Carranza y Álvaro Obregón entran triunfantes a la capital.

1916

Marzo 9. Villa ataca Columbus, en los Estados Unidos, para crearle problemas internacionales a Carranza. El ataque dura una hora pero provoca un conflicto internacional.

Marzo 14. Las tropas estadounidenses entran a México a buscar a Villa. A esta persecución en México se le conoce como Expedición punitiva

Diciembre 1. Comienzan los trabajos del Congreso constituyente, convocado por Carranza.

1917
Febrero 5. Se promulga la Constitución Política de los Estados Unidos Mexicanos.

Mayo 1. De acuerdo con la nueva Constitución, Carranza toma posesión como Presidente.

1918
A lo largo de todo este año el ejército combate a zapatistas y villistas.

1919
Abril 10. Emiliano Zapata es asesinado a traición en una hacienda de Chinameca, en Morelos.

Junio 1. Álvaro Obregón anuncia su candidatura a la presidencia.

1920
Abril 23. Se proclama el Plan de Agua Prieta, que desconoce al gobierno de Venustiano Carranza y llama a combatirlo.

Mayo 6. Carranza abandona la ciudad de México para irse nuevamente a Veracruz a establecer su gobierno.

Mayo 9. Obregón entra a la ciudad de México.

Mayo 21. En su camino a Veracruz, mientras descansaba en Tlaxcalantongo, Puebla, Carranza es asesinado.

Mayo 24. Se designa como Presidente interino a Adolfo de la Huerta, quien convocará a elecciones para presidentes y legisladores.

Julio 29. Villa acepta un pacto de rendición y se retira a la vida privada en una hacienda de Canutillo, Chihuahua. Le dejan que tenga como guardia personal a 50 de sus Dorados. Permanece en la hacienda hasta que es asesinado el 20 de julio de 1923 en Parral, Chihuahua.

Diciembre 1. Álvaro Obregón, el Presidente electo, asume el poder.

Bibliografía

 Aguilar Camín, Héctor y Lorenzo Meyer,
A la sombra de la Revolución Mexicana, México,
Secretaría de Educación Pública, 1997.

Alcubierre, Beatriz y Tania Carreño, *Los niños villistas.*
Una mirada a la historia de la infancia en México, 1900, 1920,
México, Secretaría de Gobernación, Instituto Nacional de
Estudios Históricos de la Revolución Mexicana, 1997.

 Brenner, Anita, *La Revolución en blanco y negro*,
México, Fondo de Cultura Económica, 1985.

De los Reyes, Aurelio, *Cine y sociedad en México*,
1896-1930. Vivir de sueños. Vol. 1, México,
Universidad Nacional Autónoma de México /
Instituto de Investigaciones Estéticas, 1996.

 De María y Campos, Armando, *El teatro de género chico*
en la Revolución Mexicana, México, Consejo Nacional
para la Cultura y las Artes, 1996.

Garciadiego, Javier, *Introducción histórica a la Revolución*
Mexicana, México, El Colegio de México, Secretaría
de Educación Pública, Comisión Nacional de
Libros de Texto Gratuitos, 2006.

 Gilly, Adolfo, *La Revolución Interrumpida*, México,
Ediciones El Caballito, 1981.

Iduarte, Andrés, *Un niño en la Revolución Mexicana*,
México, Editorial Ruta, 1951.

 Katz, Friederich, *La guerra secreta en México*,
2 vols. México, Era, 1996.

————————, *Pancho Villa*, 2 vols.
México, Era, 2000.

Knight, Alan, *La Revolución Mexicana,
Del Porfiriato al nuevo régimen constitucional*,
2 vols. México, Grijalbo, 1996.

Matute, Álvaro, *La Revolución Mexicana,
Fin del porfirismo y lucha por la democracia*.
Tomo 13, México, Salvat, 1983.

Reed, John, *México Insurgente*, México,
Editorial Época, 2004.

Silva, Marciano y Carlos Barreto Mark,
Los corridos de Marciano Silva, México,
Gobierno del Estado de Morelos, 1984.

Taracena, Alfonso, *Historia extraoficial
de la Revolución Mexicana*, México, Jus, 1988.

Ulloa, Bertha, "La lucha armada (1911-1920)",
en *Historia general de México*, México,
El Colegio de México, 2002, pp. 757-822.

Vázquez, Josefina, *Una historia de México*,
México, Secretaría de Educación Pública, 1996.

Womack, John Jr., "La Revolución mexicana",
en Anna, Timothy *et al.*, *Historia de México*,
Barcelona, Crítica, 2001, pp. 147-214.

————————, *Zapata y la Revolución Mexicana*,
México, Siglo XXI, 1994.

La
**Revolución
mexicana**

terminó de imprimirse en 2019
en los talleres de Editorial Impresora Apolo, S. A. de C. V.
Centeno 150-6, colonia Granjas Esmeralda,
alcaldía Iztapalapa, 09810,
Ciudad de México.
Para su formación se utilizó la fuente Photina MT.